小参村志

《小参村志》编纂委员会 编

华南理工大学出版社
SOUTH CHINA UNIVERSITY OF TECHNOLOGY PRESS
·广州·

图书在版编目（CIP）数据

小参村志/《小参村志》编纂委员会编. —广州：华南理工大学出版社，2021.5
ISBN 978-7-5623-6669-0

Ⅰ.①小… Ⅱ.①小… Ⅲ.①村史-龙川县 Ⅳ.①K296.55

中国版本图书馆 CIP 数据核字（2021）第059970号

Xiaocan Cunzhi
小参村志
《小参村志》编纂委员会 编

出 版 人：卢家明
出版发行：华南理工大学出版社
（广州五山华南理工大学17号楼，邮编510640）
http: //www.scutpress.com.cn E-mail: scutc13@scut.edu.cn
营销部电话：020-87113487 87111048（传真）
责任编辑：黄冰莹
责任校对：刘惠林
印 刷 者：紫金县蓝塘文锋工艺印刷厂
开 本：787mm × 1092mm 1/16 印张：21 字数：348千
版 次：2021年5月第1版 2021年5月第1次印刷
定 价：178.00元

《小参村志》编纂委员会

顾　　问： 黄小青　黄　彬　黄振中　杨石建

名誉主任： 李振昌　李光大　李玉兰　李爱东　李海标　李镜明　李维山
李炳华　李顺廷　李惠灵　李深宏　李才胜　李海州　李长青

主　　任： 李维东

副 主 任： 李国华　李作连　李万其

委　　员：（排名不分先后）

李德标　李良英　李志坚　李满妹　李运良　李良昌　李祥胜
李继成　李新平　李贤文　李良友　李培泉　李志锋　李志华
李林青　徐育红　李良娇　刘丽云　周满凤　李日文　李深宏
李来华　李庆华　李立新　李来胜　李玉城　李桥胜　李维照
李国贤　周锦标　李中平　李玉明　李文家

《小参村志》编辑部

主　　编：李德标
学术指导：朱光进
编　　辑：李良昌　李维东　李文举
资料收集：卢远发　刘任天　李京平　李贤文　李继成　李志锋　李庆华
李运良　徐育红　李国贤
校　　对：张惠芬　曾红艳　曹武斌　叶小琴　黄举富　王瑞峰　吴静文
涂惠平　刘伟东　李志坚　李日升
摄　　影：李良尧　卢远发　李维东　李国贤　李培泉　李志锋　李晶亮
封面设计：彭　敏
审　　核：河源市地方志办公室　龙川县地方志办公室

序　一

在中华传统文化中，地方志自成一脉，独树一帜，具有独特的魅力，成为中华民族特有的文化基因，是最具民族特征的地域性传统文化载体。2020年10月，当退休干部李德标同志拿着《小参村志》书稿给我翻阅的时候，我深切地体会到小参村人文历史的厚重感。

小参村位于河源市龙川县细坳镇的西北部，是广东省的最北端，与江西省定南县紧邻，境内山峦重叠，毛竹林立，景色宜人。村庄四周五峰环绕，犹如五匹腾飞的骏马，当地人称之为“五马归槽”。该村风景秀丽，人杰地灵，向来崇文重教。宋元时期，这里曾是贯穿南北的古栈道；明清时期，这里更是闻名遐迩的驿站重镇，络绎不绝的客商使小参村成为南北水陆往来的落脚点。“肇始於宋末，兴旺于明清”就是该村历史发展的总结性概述。

小参村是革命老区，人文历史积淀十分深厚，曾先后荣获广东省古村落、广东省文化旅游特色村庄、河源市爱国主义教育基地、河源市党史教育基地、河源市委党校现场教学点、河源市社会科学普及教育基地等称号。由此观之，该村确有许多可圈可点之处。

编纂《小参村志》是广东省组织启动第三轮志书编修工作的试点，也是全国第三轮修志工作中河源市第一部纳入政府指导编写的村志，其成功编写将对我市编修村志起到推动作用。《小参村志》详细记载了当地气候、地貌、山川、城镇、矿产、动植物等情况，可为了解龙川县细坳镇自然、政治、经济、社会、文化的历史和现实提供重要参考资料，反映了人们的实践活动和智慧经验。

《小参村志》的出版，得到了市、县地方志办公室的积极协助和细坳镇委、镇政府等有关单位的重视与支持，能成功编写，是在小参村“两委”领导班子以及编志工作小组的共同努力下完成的。小参村的杰出乡贤、原河源市旅游局退休干部李德标同志作为

《小参村志》主编，凭着对家乡的情怀，热心修志，造福桑梓。他带领编辑部同仁克服各种困难收集资料，反复研究，付出大量心血，最终促成《小参村志》顺利付梓出版。

《小参村志》的出版发行，是小参村人民群众对建党一百周年最珍贵的献礼，相信小参村人民在龙川县委、县政府以及细坳镇委、镇政府的领导下，不忘初心、牢记使命，一定能用智慧、勤劳的汗水，续写更加辉煌的历史篇章。

是为序。

刘路红

（现任河源市社科联党组书记、主席，曾任河源市委党史研究室主任、河源市地方志办公室主任）

2020年12月30日

序　二

细坳镇小参村是古驿道上由赣入粤第一村，山高林密，地势险要。古时南北交通驿道就在村中通过，并设有驿站，建有贸易市场，是龙川北出口的商贸重镇，素有“头老隆，二贝岭，三小参”之美称。于明清、民国时期较为繁华，商贸云集，曾给小参带来文明发展的机遇。20世纪以来，在中国共产党领导下，小参村人跟着党积极参与土地革命、抗日战争、解放战争，追求真理，不懈英勇奋斗，为中华民族的解放做出了不可磨灭的贡献。今虽物是人非，却文化犹存，激励后人。适逢太平盛世，编写村志，时不我待，传承历史，功在当代，利在千秋！

2018年6月，承蒙县、市推荐，经广东省地方志办公室批准，小参村被列为“广东省第三轮志书编修试点单位”。这不但是小参村的光荣，也是细坳镇的光荣，全省只有三个村庄被列为试点单位，值得全镇人民骄傲和自豪。《小参村志》编纂出版，可喜可贺！我谨代表细坳镇委、镇政府对参与编写村志的全体人员表示亲切问候。

小参村的文明进步和发展，得到了上级党委政府、相关部门的大力支持和充分肯定。小参村是广东省古村落、广东省卫生村、广东省文化和旅游特色村、河源市爱国主义教育基地、河源市委党校现场教学点、河源市党史教育基地、河源市人文社会科学普及基地、河源市青少年红色教育基地、河源市第二批宜居村庄示范村、河源市生态文明村、龙川革命老区村、龙川县新时代红色文化讲堂、龙川县中小学德育基地。时值党中央实施乡村振兴战略的发展机遇，细坳镇委、镇政府把小参村列为细坳镇重点打造的示范村，纲举目张，以点带面，全面推进细坳镇经济社会高质量发展。

《小参村志》的成功编写，既承载着小参人的美好心愿，也饱含着小参人李德标（河源市旅游局原负责人）对传承小参村光荣革命史的殷殷深情。尽管他年事已高，却仍带领编纂人员，勇担主编重任，广泛收集资料，耐心细致整理。历时两年多，终于顺利完成了繁重的编志工作。

小参村人将不忘初心、牢记使命，以当好排头兵为荣，弘扬光荣传统，紧抓机遇，努力进取，奋力书写小参村经济社会发展的新篇章。

邹 剑

（中共龙川县细坳镇委书记）

2020年12月30日

凡　例

一、本志遵循辩证唯物主义观点，以马克思列宁主义、毛泽东思想、邓小平理论、“三个代表”重要思想、科学发展观、习近平新时代中国特色社会主义思想为指导，客观全面地记述小参村自然、政治、经济、文化、社会事业各方面的情况。

二、本志采用纲目体，以志为主，运用述、志、传、图、表、录等形式，横排纵写，上限时间为宋淳祐六年（1246年）小参村先民开基建村，下限时间为2020年12月30日，共10篇29章，约34万字。

三、时间表述：1911年以前（含1911年）采用朝代纪年并括注公元纪年，1912年后（含1912年）用公元纪年。

四、本志记述历史朝代、官职、地名，均依当时称谓，必要时括注今名。志书中的“边纵”是指中国人民解放军粤赣湘边纵队。

五、计量单位考虑到当地的传统习惯，质量单位用“斤”“公斤”而不用“千克”，土地面积用“亩”而不用“公顷”。

六、对人物介绍，尝试突破传统志书中“生不立传”的模式，对村中的典型人物以及在社会上有名望的小参人如实介绍。

七、本志记录田、畲、山林、矿产、加工厂、房屋等不介入其产权所属，只为村自然面貌所至。

八、本志史料来源县志、镇志、档案、族谱、著作、家书、口述提供及亲身经历者提供整理入志。

龙川县地图

江 西 省
江 西 省
小参村
和 平 县
兴
天九镇
下车镇
长塘镇
优胜镇
贝墩镇
古寨镇
上坪镇
贝岭镇
龙廷乡
罗浮镇
罗岗镇
车田镇
岩镇镇
赤光镇

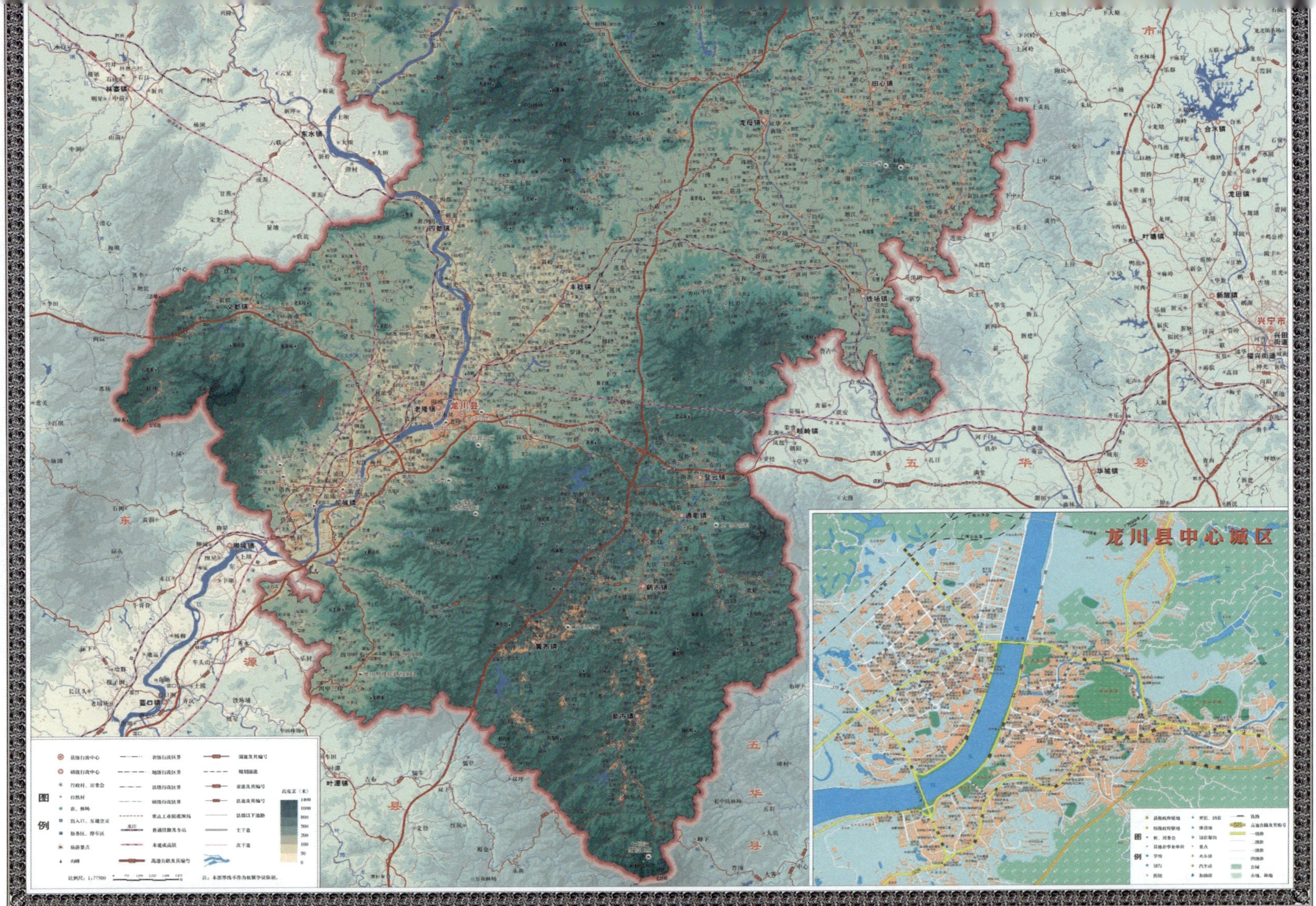

龙川县自然资源局监制　广东省地图院编制

审图号：粤S（2020）07-001 号　2020年4月

龙川县古道线路走向示意图

河源市传统村落保护与发展协会 提供

祝贺小参村志出版

传承革命精神的楷模
记载地域文化的典范

庚子年秋 李万源题

李万源，龙川县细坳镇半径村人，出生于1942年12月，曾任中共龙川县委书记、中共河源市委常委兼市委宣传部部长、河源市人大常委会常务副主任（正厅级）

贺小参村志问世

传薪火，志载名村历史，

启远程，弘扬革命精神。

庚子岁袁南炽书

袁南炽，龙川县人，曾任龙川县人民政府县长、河源市人大常委会副主任、河源市政协常务副主席

张鉴林，龙川县人，曾任龙川县委书记、河源市政协副主席、河源市人大常委会副主任

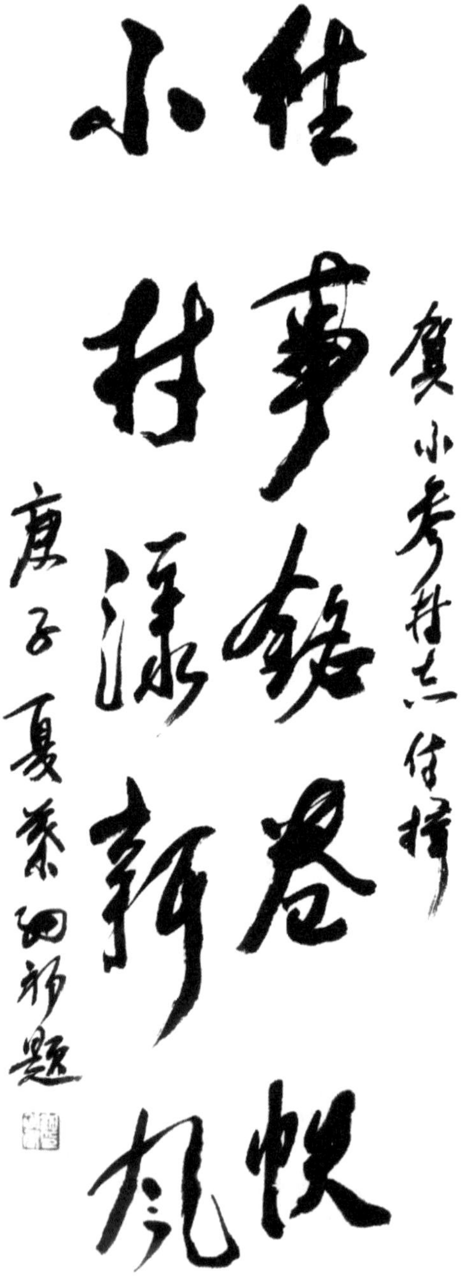

叶细初，龙川县人，曾任龙川县人民政府常务副县长，河源市对外经济贸易局局长

张鉴林 提供

1997年7月，广东省委原书记林若（右三）由时任龙川县委书记张鉴林（右一）陪同到小参村看望老区人民

2018年10月，河源市人民政府市长叶梅芬（右二）一行到小参村调研

2019年11月，河源市人民政府市长林涛（中）一行，在龙川县委书记黄添胜（右一）陪同下到小参村指导灾后复产工作

◀2012年12月5日，老革命朱文和（中）在河源为小参村题字，左为河源市政协原常务副主席袁南炽、右为河源市旅游局调研员李德标

2012年12月6日，老革命朱文和（右二）由龙川县党史研究室主任朱光进陪同到小参村看望老区人民▶

◀2014年，河源市人民政府原市长黄煜祯（左二）在河源市人大常委会副主任温文斐陪同下到小参村调研

◀2013年12月，河源市人大常委会原常务副主任李万源（右一）到小参村调研

◀2008年10月，河源市副市长温文斐（右二）到小参村指导工作

◀2016年5月，广东省地方志办公室原副主任侯月祥（右三）在龙川县委常委、宣传部部长蓝智慧（右二）陪同下，到小参村原中央苏区食盐储运中转站调研

◀2017年11月，河源市人民政府副市长庞启彪（左）一行在河源市旅游局局长蓝智慧（右）陪同下到小参村调研

◀2020年11月6日，河源市人大常委会副主任胡为达（左三）、龙川县人大常委会副主任钟锐（左四）等一行到小参村开展《河源市革命旧址保护条例》立法工作调研

◀2016年10月，龙川县人民政府县长杨利华（左二）一行，在细坳镇镇长刘天铃（右五）陪同下到小参村指导老区建设工作

2020年7月1日，龙川县人大常委会主任刘天瑞（二排左四）率机关党员干部在小参革命老区村进行党日活动▶

◀2016年10月，龙川县人大常委会副主任骆伯青（左二）率县人大代表到小参革命老区村视察

2017年10月，龙川县委常委谢文锋（左）率县党群口负责人到小参村指导工作（图为苏区盐道）

2020年11月8日，中共龙川县委常委组织部长叶金水（左四）等一行到小参村指导党建工作

2020年2月4日，中共龙川县委常委、纪委书记谢骥（左二）等一行到小参村检查新冠病毒防控工作

2017年5月，龙川县委宣传部、紫金县委宣传部领导在原中央苏区盐道江广亭考察。龙川县委常委曾乐辉（左五）、紫金县委常委张志勇（左六）

2020年12月15日，龙川县人民政府副县长涂远泽（中）一行到小参村调研

2016年3月2日，龙川县委原副书记、组织部长钟汉承（中）、龙川县委原常委、宣传部部长谢忠灵（右一）在河源市旅游局调研员李德标（左一）陪同下，到中央苏区盐道小参段考察盐道

2020年7月28日，龙川县人大常委会副主任骆伯青（左三）率县人大代表由细坳镇委书记邹剑（右四）、细坳镇人大主席卢远发（左二）、细坳镇镇长张志坚（右一）陪同赴小参村视察指导乡村振兴工作

◀2017年2月15日，龙川县人大常委会副主任朱良聪（右三）一行在细坳镇人大主席刘永恒（右二）陪同下到小参指导环境资源保护工作

2015年7月15日，赣州市委党史办副主任胡日旺（左三）在中央苏区盐道小参段江广亭处调研，并与周边村干部合影 ▶

◀2014年9月20日，河源市委宣传部副部长管思燕（右四）、副调研员刘志常（左一）一行在小参村调研

2020年8月15日，河源市爱国拥军促进会会长曾志辉（河源市民政局原副局长）（右一）、中共河源市委组织部原常务副部长张桥争（右二）、中共河源市委统战部原常务副部长刘学良（左二）、河源市人社局原副局长袁洪明（左一）等到小参村开展党日活动 ▶

2011年11月12日，广东省古村落评审专家到小参村调研。龙川县委常委、宣传部部长蓝智慧、龙川县人民政府副县长李春辉、河源市委宣传部副部长管思燕陪同

2011年11月12日，广东省古村落评审专家到小参村调研，细坳镇人民政府镇长刘天铃、河源市委宣传部副调研员刘志常陪同

2013年4月，细坳镇委召开小参村革命历史调研座谈会。细坳镇委书记钟振华（右三）、细坳镇镇长刘天铃（左三）、细坳镇副镇长李志坚（左四）、河源市旅游局调研员李德标（左二）、小参村党支部书记李维东（右二）、小参村村委委员李良娇（左一）、小参村村委委员刘丽云（右一）出席座谈会

2013年4月，中共河源市委党史研究室主任刘路红（左二）、龙川县党史研究室主任朱光进（左一）等到小参村对红色历史进行调研

2013年4月，细坳镇召开小参村红色历史研讨会，出席会议的有市县党史研究室领导及相关人员

2013年9月25日，中共河源市委党史研究室主任刘路红（左三）、综合科副科长潘焕智（右四）、细坳镇委书记钟振华（左二）等到小参调研红色历史，李德标（左一）、李维东（左四）、李良娇（右二）、刘丽云（右一）陪同调研

2015年6月4日上午，河源市委党史研究室、河源市社科联、赣州市委党史办、龙川县委党史研究室、寻乌县委党史办的党史专家到中央苏区盐道小参段调研。图为赣州市党史工作办公室原主任凌步机（左五）、副主任阳振乐（右三）、河源市委党史研究室副主任杨石建（后排左一）、细坳镇镇长刘天铃（左四）等调研人员合影

2020年4月，中共河源市委党史研究室主任黄小青（右四）、副主任杨石建（左一）、黄彬（右一）一行，在细坳镇镇长张志坚（右二）陪同下到小参村调研

◀2015年6月4日上午，赣州市委党史工作办公室副主任阳振乐（中）一行在中央苏区盐道小参段江广亭处调研

◀2015年7月15日，赣州市委党史工作办公室副主任胡日旺（左一）、科长陈力（右一）、在小参村仪象楼调研

◀2017年9月，赣州市委党史工作办公室主任胡日旺率定南县史志办一行出席河源市、赣州市开发原中央苏区盐道协调会议。图为赣州市代表在江广亭合影

◀2020年8月16日，中共河源市党史研究室副主任黄振中（右一）陪同中共赣州市党史工作办公室主任胡日旺（右二）一行到中央苏区盐道调研

◀2016年4月8日，河源市委党史研究室副主任杨石建（右二）、主任科员曾红艳（右三）、副科长刘任天（左二）在中央苏区盐道小参段调研

2016年2月27日，龙川县文广新局局长王洪涛（前左三）一行五人在中央苏区小参盐道（古驿道）调研▶

2015年8月10日，赣州市定南县委党史办主任胡东汉（右三）率该县党史办班子成员到中央苏区盐道小参段调研

李良友 提供

细坳供销合作社参前购销站旧址

李长春 提供

细坳卫生院小三管理区卫生站旧址

李维东 提供

李云山故居

河源市岭南城乡规划设计院 提供

河源市岭南城乡规划设计院 提供

河源市岭南城乡规划设计院 提供

朱伟烈 摄

鸟瞰村貌图一

朱伟烈 摄

鸟瞰村貌图二

中村1

中村2

中村3

中村4

中村5

径口一景

梅里塘饭店

崩浦下饭店

农民街一角

生态林

毛竹1 李良昌 摄

李国贤 摄

毛竹2 李良昌 摄

杉 树

李良昌 摄

李良昌 摄

椎 树

混杂林木 李志锋 摄

园林一景 李维东 摄

李国贤 摄

桔杻树

李爱东 摄

李 树

古胶树

李维东 摄

李爱东 摄

李爱东 摄

李爱东 摄

冬天雪景（小参村民谣 ——“夏有酷暑，冬有雪”，这是“冬有雪”的美景）

李志锋 摄

村尾一角

李志锋 摄

中村一角

李维东 摄

瑶下塅一角

百香果

以上图片由李良昌拍摄

猕猴桃

以上图片由李良昌拍摄

小参小学

校长办公会议

集体备课

文体活动

以上照片由小参小学提供

红色教育活动

小参小学生到李云山先生纪念碑扫墓

小参小学生参加“河源市青少年红色教育基地”挂牌仪式

学生参观红色小参纪念广场

小参小学老师带学生重走苏区盐道

以上照片由小参小学提供

2014年11月6日，河源市委宣传部、河源市社科联在小参村举行“河源市爱国主义教育基地”和“河源市人文社会科学普及基地”挂牌仪式。图为出席挂牌仪式的市及各县宣传部、市社科联领导在红色小参纪念广场办事处合影

◀2014年9月，中共河源市委党校副校长陈跃华（左五）率全体老师在小参村考察建立教学现场点时合影

2017年6月，小参村被中共河源市委党校授予“中共河源市委党校现场教学点”。党校常务副校长邱寿强（右四）授牌▶

2017年7月，共青团河源市委在小参村举行“河源市青少年红色教育基地”挂牌，图为团市委副书记李冰出席挂牌仪式

◀2017年4月，河源市工商局机关党员干部到小参革命老区参观学习。图为在红色小参纪念广场宣誓图照，领誓人：局长黄远程

2017年9月，河源市直属机关工作委员会、河源市党史研究室组织机关党员在原中央苏区盐道徒步▶

2014年8月1日，解放军驻龙川某部官兵分别参观文化碑林、仪象楼中央苏区食盐储运中转站旧址，接受革命传统教育

2017年10月，解放军驻河源某部官兵到小参村接受革命老区传统教育

2014年9月，河源市龙川促进会领导成员在小参村考察调研留影

2017年10月，龙川县上坪镇政府机关干部到小参村参观学习

2015年10月6日，河源职业技术学院红色文化研究中心专家学者到小参村调研，接受革命传统教育

◀2014年10月，河源市委接待办主任邹国忠（前一）率接待办全体党员干部到小参革命老区参观学习

2017年12月，东源县检察院检察长李春辉（右三）率班子成员到小参革命老区村参观学习▶

◀2019年10月，原龙川县人大常委会副主任李永强（右四）、原河源卫校副校长钟冬民（右三）一行在小参村参观学习

2019年8月15日，河源市公安局原常务副局长陈启鹏（右一）一行到小参革命老区村参观学习

2019年5月4日，共青团广发银行河源团支部团员到小参革命老区村参观学习

2020年11月3日，河源市源城区人社系统党员干部到小参革命老区村参观学习

周边市、县客人参观小参红色景区剪影

李小菊 提供

2020年11月12日，江西省赣州市政协调研员李小菊（中）一行参观红色小参纪念广场

李维东 提供

2012年9月，江西省定南县人大常委会副主任刁少勇（左四）、罗立明（左三）一行在小参村委干部陪同下参观文化碑林公园

◀2020年11月21日，江西省定南县政协一级调研员范子平（左二）一行到小参村接受革命传统教育

◀2016年5月，江西省定南县长跑协会会员重走苏区盐道，在江广亭留影

2016年9月9日，定南九曲学区师生重走苏区盐道▶

兴隆村支部书记李桂祥　提供

小参殊荣

广东省民间文化遗产抢救工程
广东省古村落
小三村

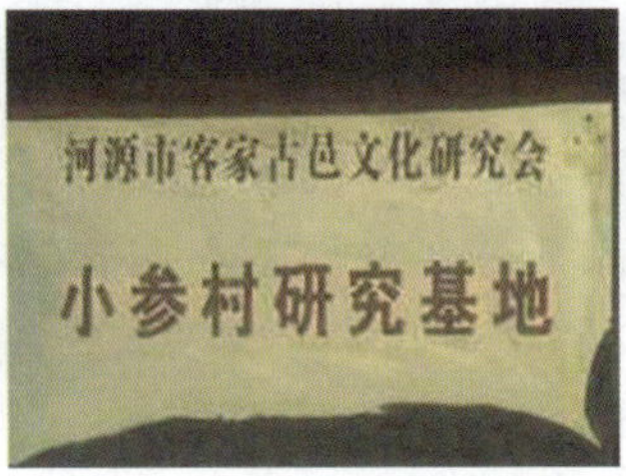
河源市客家古邑文化研究会
小参村研究基地

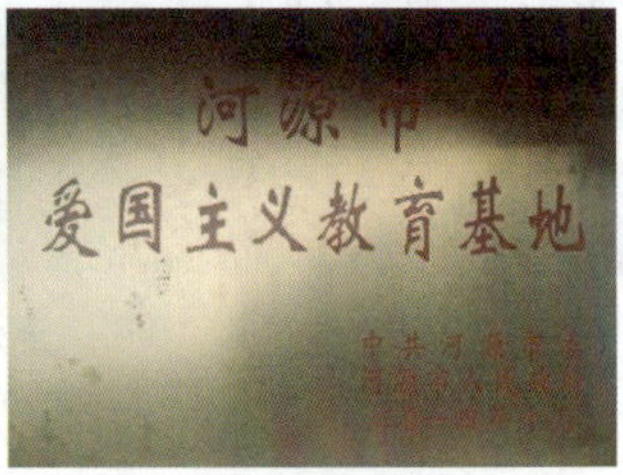
河源市
爱国主义教育基地

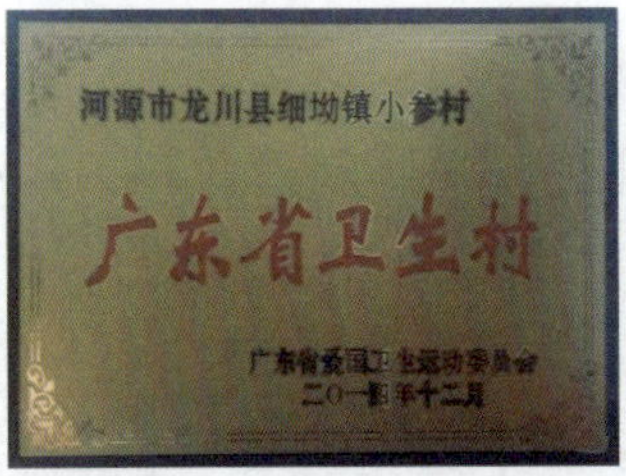
河源市龙川县细坳镇小参村
广东省卫生村

生态文明村
中共河源市委
河源市人民政府
二〇一三年二月

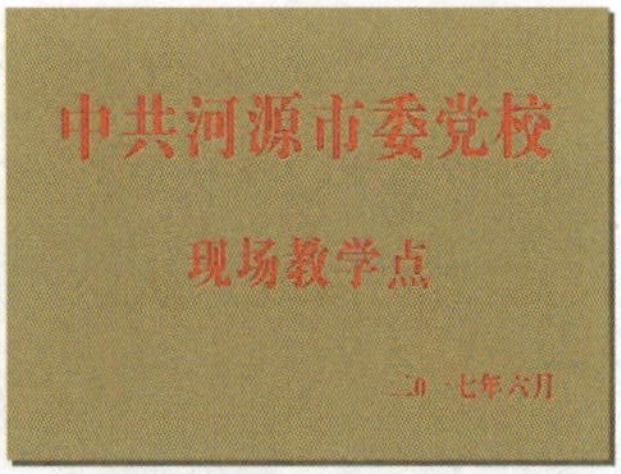
中共河源市委党校
现场教学点

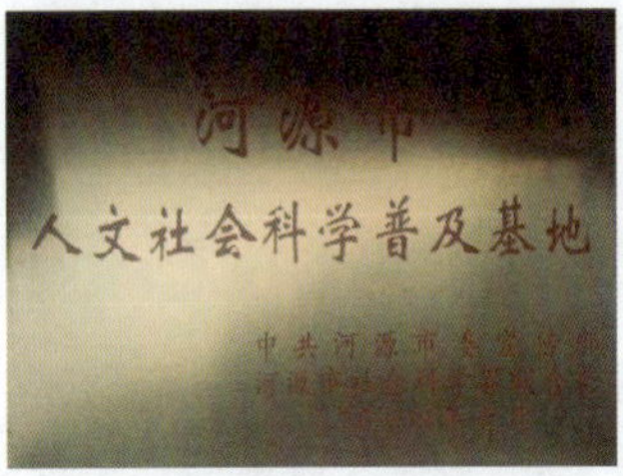
河源市
人文社会科学普及基地

河源市
中共党史教育基地
中共河源市委党史研究室
二〇一九年二月

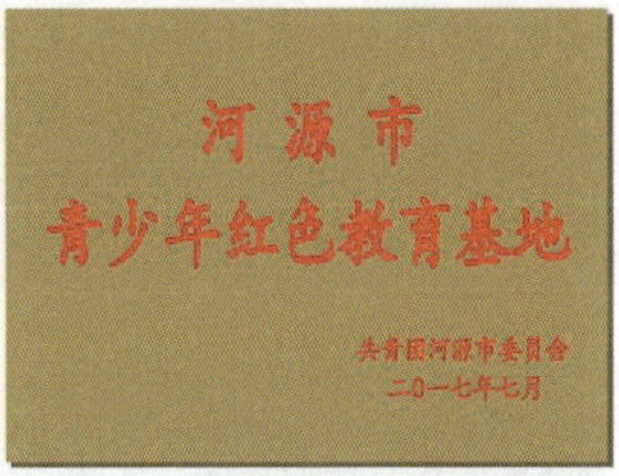
河源市
青少年红色教育基地
共青团河源市委员会
二〇一七年七月

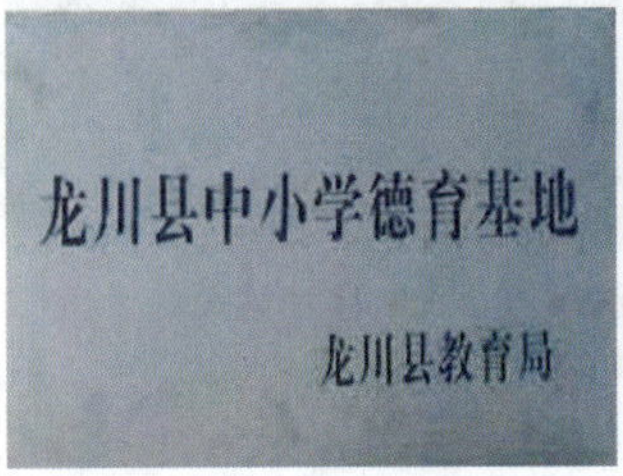
龙川县中小学德育基地
龙川县教育局

文明村
中共龙川县委
龙川县人民政府
二〇一一年二月

新时代红色文化讲堂

1990年10月，李爱东出席在广州召开的中共广州军区第六次党员代表大会

1991年2月，李德标出席在北京召开的全国旅游行业劳动模范、先进工作者、先进集体代表大会

2001年3月，李德标出席在北京人民大会堂召开的中华社会各界知名人士新年座谈会开幕式

1979年2月对越自卫还击战，小参村参战战士戎装及纪念品图照

战士服饰

军帽（男）

军帽（女）

上衣（男）

上衣（女）

军裤

行军壶

卡包

腰带

胸章

参战纪念品

蝉花

蝉蛹

灵芝

香菇

木耳

以上图片由卢远发拍摄

竹笋

竹笋（半成品）

笋干（成品）

腐竹

蜂蜜

以上图片由卢远发、李志锋拍摄

酒酿“春”（蛋）

酒酿

酒酿“春”

白酒

黄酒

龙须茶

牛牵丝

以上图片由卢远发、李志锋拍摄

目　录

概述

小参村地处广东省河源市龙川县北部，是细坳镇管辖的一个自然行政村，东与月光正行政村龙塘自然村、南与细坳行政村再上自然村、西与张田行政村、北与江西定南县天九镇兴隆村毗邻。距细坳镇府所在地6.2千米，约10分钟车程；距龙川县城106千米，约2个小时车程；距河源市区153千米，约1小时45分钟车程。是龙川入赣（江西）北出口之一，距江西省定南县城25千米，约20分钟车程；距赣州市198千米，约2小时15分钟车程，交通便利。

小参村民委员会下辖19个村民小组，至2020年12月31日，全村共有380户，2038人。

小参村建村于南宋淳祐六年（1246年），先后有白、陈、缪、徐、唐、王、何、卢、吴、刘、黄、张、李等十三姓先民在这里拓土开居，耕耘山林、土地。数百年来，先民们依靠丰富的森林资源、肥沃的土地和贯通南北的古驿道在村庄里谋生。到明末，白、陈、缪、徐、唐、王、何、卢、吴、刘、黄、张等十二姓先民通过小参河做竹木生意发达致富，逐渐沿东江河南迁，清代末至今，小参村剩李姓居住，外人称小参村为李姓村。

小参村是四面高山环抱的小盆地村庄，村形为长方形，面积约13平方千米，九山半水半分田，山林面积9450亩、耕地面积1713亩（其中墩田960亩、山坑田597亩、旱地96亩、垦带地60亩）。小参村人的食粮，以水稻为主粮，番薯、玉米为副粮。1949年前，农户经济收入主要靠小参古街经营生意，稍富裕的人家开设店面经营副食、日什百货、布匹、中伙、客栈、铁业加工、车衣裁缝等。普通农户摆卖家禽、米制品，以及手工制作的箩、笼、畚箕等小农具获取收益，维持家庭经济开支。中华人民共和国成立后，政府重视农业生产，关心农民的温饱。大搞农田基本建设，兴修水利，平整土地，改良土壤，科学种地，水稻产量逐年提高。1995年后成为“吨谷村”，家家户户粮食均有剩余。农户经济收入主要靠竹木原材及加工成半成品，送至其他地区出售。1980年后，农村青壮年普遍进城打拼，发家致富，至2020年已有30多位在外开办公司、经营店铺，有近100位在城市购买楼房居住。

中国共产党第十八次全国代表大会以来，党中央、各级政府更加重视农村建设和农民生活，提出“精准扶贫”“全面奔小康”“振兴乡村战略”等一系列惠农强农富农政策。农户打破传统的靠山吃山的方法，靠种养多种经济作物搞活经济，增加家庭经济收入，过上宽裕的幸福日子。

小参村有史以来崇文重教，村风淳朴，和睦相处，名士迭出。自李姓在明万历年间从细坳半径村迁至小参村开居后，李惟韬重视子孙文化教育，在其开居西坑老围龙屋办有私塾，供村民及周边村民子女免费就读。至清中期间，人口逐渐增多，在小参下村（即龙井屋旁）、中村坑背（老屋旁）、上村（老围屋旁）又增开三个私塾学堂供村民子女上学，小参村民都得到不同程度的私塾教育，得到广东学政李调元颁“斯文首倡”牌匾褒奖。民国初年，小参村开设了“小参景涛小学”，1949年8月小参景涛小学改校名为“小参小学”，可供小参村、张田村、再上村、车在畲村、黄龙村等村民子女就读。随着行政区域的划分，小参小学仍在小参村办学。小参村人尚文进取，历朝历代敢于拼搏，明代李世相考取武举人功名，被崇祯皇帝任为兵部参将，统领数万明军与清军作战，从北至南战至江西龙泉县（今江西遂川县境内），最后战死沙场。清代咸丰年间，李广运在贝细（贝岭、细坳）一带组织数百人的农民队伍，揭竿而起，在贝岭进行三个月的斗争活动，后被清政府派兵镇压。清末李云山参加孙中山同盟会和讨伐陈炯明等革命活动。

小参村有着光荣的革命斗争历史。小参村地处通往南北的古驿道上，不少革命志士在这里过往投宿，传递革命斗争的信息，特别是在1924年1月国共两党第一次合作，共产党人积极推动，广东各地农民运动快速发展，尤其是东江地区，农民运动搞得风生水起。小参村人李云山从广州农讲所学习回村后，在小参村成立农民协会，开展“二五”减租减息与地主、豪绅斗争，带动了龙川北部地区的农民运动蓬勃发展。土地革命时期，国民党当局对赣南革命根据地进行长时间的封锁围剿，中央苏区食盐紧缺，李云山组织农民协会骨干成立运盐队，历时三年多从贝岭街（黄贝岭）收购食盐至小参仪象楼储藏，伺机秘密转送到赣南安远等地，起着保障红军后勤供应的作用。抗日战争时期，东江特委魏南金、林镜秋、刘波等在川北古驿道上组织抗日救亡运动，在贝岭米贝举办抗日培训班，小参村人李硕华参加学习班加入党组织，回村组织抗日救亡宣传队，激发民众抗日热情，积极调动民众参与抗日救亡斗争活动，营救从潮汕、广州地区流亡至小参古驿道上的难民50多人，安置其在村中落户。抗日战争结束后，抗日救亡宣传队继续在小参周边地区进行游击活动，维护社会治安，巩固抗日胜利成果。1949年5月，中国人民解放军粤赣湘边纵队东江第二支队（下称边纵东二支）二团扩大武装力量，派共产党员朱文和、王援传、戴梅康、蓝梅昌等人到细坳一带招兵，小参村有120多人报名参加边纵被编入东二支二团三营九连，参加解放定南、老隆、兴宁、河源、广州的战役战斗。小参村人为中国人民的解放事业贡献自己的力量。2014年2月小参村经河源市人民政府批准确认为革命老区村。2014年6月，被中共河源市委、河源市人民政府批准为“河源市爱国主义教育基地”，2017年5月被中共河源市委党校定为现场教学点，2018年6月被中共河源市委党史研究室列为“中共河源市党史教育基地”。

小参村人民不忘初心，牢记使命，继续努力奋发向上，建设美丽家园，沿着中国特色社会主义道路迈进！

大事记

宋

淳祐六年（1246年），北方战事频繁，白、缪、陈、徐、唐等姓氏先民由赣州方向逃难至小参（当时无名，称小山村）杂居，拓土开基。

元

丁、王、何、卢等北方姓氏先民迁入小参定居。

明

吴、刘、黄、张等姓氏从北方迁入定居。

万历年间，李火德第十一代裔孙李仕诚从江西定南白石下（今兴隆）村迁往小参村赤岭下居住一段时间后迁至半径中村定居。

不久，李仕诚长孙李惟韬带子孙到小参西坑开基。李仕诚次孙李惟昌裔孙李仕儒从半径中村迁至小参旗形开基。李仕诚三孙李惟贵裔孙李仕仁从半径迁至小参径口村开基。

崇祯十七年（1644年），李世相出任朝廷参将，率数万明军与清军交战，孤军奋战数月，因后无援军战死在江西赣州龙泉县（今遂川县）。

清

咸丰七年（1857年），李广运在百齐约（今贝岭镇、细坳镇）一带组织数百名农民起义反清，在百齐约（今贝岭镇）南门村将军寨筑碉堡与清军交战，寡不敌众，被清兵击败，李广运被杀害。百齐约农民起义失败。

光绪十八年（1892年），李国才出任和平、龙川、定南三县把总，为正六品武官。

光绪三十四年（1908年），李国才卸甲回乡。用多年俸禄积蓄于宣统二年（1910年）在细坳黄龙至和平长塘渡口边兴建排石市场（排石街），由于当地人气不旺，难以经营，于1920年排石街市场歇业后，回小参街开店经营。

1924年

李云山在小参村组建“五兴龙农民协会”，在周边地区最早开展“二五”减租减息运动。

1931年

废约建乡，细坳设半径、小参、大河三个乡，归贝岭区管辖。

小参村进步人士李伟明、李炳文、李帮文等十余人组织地下送盐队为安远红军运送食盐。

1934年

秋，小参村李显仁等进步人士在贝岭区公所门前，当众带动街民抗纳盐税，并与盐警发生抗争，成为当时轰动上半县的农民反苛捐杂税事件。

1937年

撤销半径、小参、大河三个乡建制，开始设保（小参为第六保）。

1939年

李硕华在贝岭米贝加入中国共产党后，在小参村竹园围成立小参抗日救亡宣传队，与马俊、李卓宣、袁秀文等人在细坳一带进行抗日宣传活动。

1949年

5月，中国人民解放军粤赣湘边纵队东二支二团派朱文和、王援传、戴梅康、蓝梅昌到细坳扩大武装，将小参游击队整编入二团三营九连，李良才任连长，戴梅康、王援传任指导员，蓝梅昌任副连长，李立生任一排排长，李仕章任二排排长，李龙汉任三排排长，九连在竹园围正式成立。

5月14日，龙川县解放。

8月，中国人民解放军粤赣湘边纵队东二支二团三营九连副连长蓝梅昌在和平下车执行任务时，遭遇国民党军队残部，因寡不敌众被捕，宁死不屈，在贝岭英勇就义。

1950年

3月，在果合寨山顶建造了一座占地约40平方米的二层砖瓦结构四方楼，作为防空瞭望哨所，用于观察敌机空袭报警。

小参建立乡人民政府（辖再上村、车在畲村、张田村），属贝岭区公所管辖。

是年冬，撤销私塾学堂，小参村设立小参小学（完全小学），在茶顶建设小参小学校区，生源来自小参村、再上村、车在畲村、张田村。其中再上村、车在畲村、张田村四年级以上学生在小参小学寄宿。

小参村在新屋下办幼儿园，生源来自第一、第二生产队，马赛明担任辅导员。

1950—1953年抗美援朝期间，李维山、李石才、李金禄、李金凤、李兰先、李良奎报名参加志愿军。

1951年

5月3—5日，连续强降雨，河水暴涨，沿河两岸农作物被洪水冲走，50%的农作物受损，房屋未损，未造成人员伤亡。

1954年

建立初级社。

1956年

细坳实施村级管理制度，车在畲自然村、再上自然村析出细坳村管辖。

3—7月，办夜校，举办农民文化补习班。

1956—1958年，先后在斋庵里建一座高5米，容水量约1万立方米的山塘；在卓水坑里建一座高4米，容水量0.5万立方米的山塘；在曾塘建一座高约7米，水容量1万立方米的山塘。蓄水用于农田灌溉。

1957年

由于办园经费不足，幼儿园停办。

1958年

成立人民公社，小参村（参前村）属贝岭人民公社管辖。

细坳开通公路与贝岭接轨，细坳至贝岭公路建设为县道标准。

1961年

成立细坳人民公社，小参村（参前村）属细坳公社。

1964年

6月3—6日，连续强降雨4天，造成山洪暴发，导致河坑尾山体滑坡，约30亩松树林被破坏；社下坛山顶山体滑坡，约15亩松树林被破坏；龙井背旁的陈屋及徐屋背山体滑坡，20亩混合林被破坏。三处山体滑坡均未造成房屋损失和人员伤亡。

1965年

春季，小参小学从茶顶迁至高龙湾新建校区。

张田村设立生产大队，从小参村析出，归细坳公社管理。

1966年

开通小参村至细坳公路（乡道），可通运输车辆。

1967年

秋季，破“四旧”立“四新”。

10月31日，中共八届十二中全会胜利召开，全村中青年人集中在小参小学球场隆重庆祝，接着举行庆典游行至江西定南九曲乡兴隆村，游行队伍一路高唱革命歌曲，在第二天凌晨游行结束。

1969年

小参生产大队成立小参生产大队革命领导小组。

1970年

7月，小参小学附设初中班初二级学生在曾塘毕业，8月参加公社教育办公室组织的升中考试，李新平、李万来、李运良、李作连、李德标、李晶亮被录取为细坳中学第二届新生，将就读高中，细坳中学校区在半径村。

1970年

8月，教学制度改革，小学学制为五年，初中学制二年，高中学制二年。小参小学设立初中班，挂牌小参小学附设初中班。生源来自小参村、张田村、黄龙村、车在畲村、再上村，小参村、张田村、黄龙村、车在畲村、再上村小学毕业生在小参小学附设初中班就读。1968年9月小参小学附设初中班迁至曾塘自然村办学。

1971年

3—7月办夜校，举办农民文化补习班。

1972年

在村尾甲水里开建一座小型水库，坝高25米，坝底宽125米，坝堤面宽6米，坝堤长90米，水面延伸长300米，集雨面积2.14平方千米，容水量39万立方米，主坝坝型为均质土坝，泄洪形式为等宽开敞式，于1976年竣工使用。

小参至细坳公路升格为县道。

1975年

12月27—29日连续三天下大雪，气温为3℃～4℃，低温阴雨，地上毛竹结冰，40%毛竹被折断，未造成人员伤亡。

1976年

春季，村办40千瓦水电站，建设地点在小参村木桥头，将小参鸭嫲坑水坝加高1米，开渠道流至木桥头，渠深1.5米，宽2米，引水1千米储水发电。

9月18日下午3时，全村老少集中在小参小学球场，收听在北京举行的毛泽东主席追悼大会实况报道。

1977年

8月，附设初中班撤销后，小参小学为完全小学。

1979年

2月，对越自卫还击战爆发，正在部队服役的李爱东、李仕平、李满妹、李国光赴越参战，李志华、李德标在后勤保障部队转送物资、伤员。

12月10—11日连续两天下雪，竹林被大雪损毁，毛竹被压断或压倒约30%。

1980年

开通江西省定南县至小参村接轨县道公路。

1983年

4月18日，李志林在中国人民武装警察部队汕尾边防局服役时，因公牺牲，1983年10月10日被中华人民共和国民政部批准为革命烈士。

1985年

春季，细坳地区发生蝗虫灾害，仅三四天时间，30%毛竹被侵袭，未给居民、家畜、家禽等带来病菌危害。

1986年

7—11月，小参小学举办夜校，给村民补习文化。

冬季，小参村改用张田村电厂供电，使用约七年。

1991年

12月7—8日连续下大雪，气温为-3℃～4℃，山上结冰，小参村高压线及通信电线被压断，农户用电中断，通信设备中断，30%毛竹被雪压倒，未造成人员伤亡。

1993年

小参村使用麻布岗电网用电。

1995年

4月，镇、县拨款以及村民捐款，在小参小学校园后山建造李云山先生纪念碑，时任龙川县人民政府分管民政的副县长李红艺题写碑名，李云山先生纪念碑同年9月竣工。

小参村依附小参小学开办学前班幼儿园，办园经费由学生家长分担，办学地址在小参小学校园内。

1997年

7月，广东省委原书记林若一行在时任龙川县委书记张鉴林的陪同下到小参村看望老区人民。

10月4日，朱文和老同志一行在龙川县委常委兼组织部部长钟汉承的陪同下到小参村看望老区人民。

1999年

小参小学因土木结构教学楼质量问题，在原地点重新改建为混凝土结构教学楼。

2000年

村民捐款开通田心屋至张田村公路，公路标准为村道，沙土路面。

小参村建设程控通讯中继站，小参村农户逐渐安装家用电话。

2002年

12月7—8日连续下冰雹，气温为-3℃～4℃，结冰后，山上毛竹被压倒或折断，造成30%的毛竹受损，未造成人员伤亡。

2003年

细坳至小参村公路铺设水泥路面，小参村至细坳公路两旁进行优化、绿化。

2004年

南方电网成立，农户使用南方电网供电。

2006年

4月起，在沙下坛滩涂上建设文化碑林公园，把小参村的历史以及文化名人为小参村题写的诗、词、赋刻在碑林上，作为文化传承教育场所。

5月，河源市人民政府分管旅游工作副市长温文斐一行，在河源市旅游局副局长李德标陪同下，到小参村就古村与旅游开发工作进行调研。

2007年

1月，河源市政协主席黄煜祯、河源市旅游局原局长叶简章一行，到小参村就旅游资源进行调研。

小参村田心屋至张田村村道铺设水泥路面。

2008年

4月，某军区少将、某部原副部长杜吉昭，海军少将某舰队原副政委俞林森等人到小参村参观，接受革命历史传统教育。

6月，小参村在沙下坛河溪边建设一座牛的雕像，用来纪念公元1246年以来在小参村开荒拓土的先民。

9月，小参村依附小参小学开办学前班幼儿园改为小参小学学前班，为小参小学提供后备生源。

9月，河源市人民政府副市长温文斐率深圳市文化实业发展有限公司总经理黄志强一行到小参村指导古村建设工作。

9月，小参村外出乡贤捐款修建小参小学校道。

10月，河源市人民政府副市长温文斐率中国商务新闻网副主编汪礼军一行到小参村采风。

10月，小参村在沙下坛建造了一座有客家特色的酒壶雕像，体现小参村是客家乡村。

11月，河源市人民政府协管旅游工作副秘书长欧阳毅一行，到小参村就旅游资源与发展展开调研。

11月，河源市人大副主任黄林泉、河源市政协常务副主席袁南炽、副主席吴全然一行到小参古村调研。

2009年

9月，小参小学五年级、六年级撤销，学生到细坳小学就读，小参小学成为初级小学。

2010年

5月，小参村被河源市住房城乡建设规划局列为河源市第二批宜居村庄示范村，河源市岭南城乡规划设计院派出罗元院长（高级规划工程师）、黄顺兵（高级规划工程师）、郭远富（规划工程师）、彭描（规划工程师）、邹巧鸿（规划工程师）、黄志响（规划工程师）组成实力雄厚的规划团队，到小参村进行宜居村庄建设总体规划设计。

8月，文化碑林被河源市文化广播新闻出版局列为“河源市文化保护单位”。

对农网用电进行全面改造，农村彻底解决用电难的问题。

10月，在小参村沙下坛建造了一座形似“五马归槽”的标志物。

移动公司在小参村设移动发射台，小参村人多数使用手机，可在家里上网聊天及网购。

10月，河源市政协副主席朱深寿、钟木帮一行，在细坳镇委书记钟振华陪同下到小参古村调研。

小参村沙径口古拱桥被龙川县人民政府列为“龙川县文物保护单位”。

2011年

10月，广东省古村落评审团专家到小参村调研小参古村历史，河源市委宣传部常务副部长管思燕、副调研员刘志常、龙川县委常委、宣传部部长蓝智慧、龙川县人民政府副县长李春辉等陪同。

11月，河源市人民政府副市长吴有必一行，在河源市旅游局李德标陪同下到小参村调研古村与旅游开发工作。

11月，小参村被广东省文联评为“广东省古村落”。

2012年

12月6日，老革命朱文和在龙川县党史研究室主任朱光进陪同下到小参村看望老区人民。

2013年

3月，河源市委党史研究室副主任杨石建一行到小参村进行红色历史调研。

4月，河源市红色历史文化研究会在细坳镇召开小参村红色历史文化研讨会，河源市委党史研究室主任刘路红，副主任杨石建、黄彬，龙川县党史研究室主任朱光进等出席会议。

12月，河源市人大常委会原常务副主任、河源市关心下一代工作委员会李万源主任一行到小参村调研。

2014年

2月，河源市人民政府批准小参村为革命老区村。

4月，细坳镇在小参村窑下墩建设一座红色小参村的纪念标志。标志设计由湖南省湘潭市湖湘古建筑有限公司高级工程师黄院哲设计，湖南省湘潭市湖湘古建筑有限公司负责施工承建。

河源市人民政府原市长黄煜祯、河源市人大常委会副主任温文斐一行，在河源市旅游局调研员李德标陪同下到小参村调研。

中央重视农村发展建设，小参村环村公路开通，并铺设水泥路面。

6月，中共河源市委、河源市人民政府授予小参村为“河源市爱国主义教育基地”。中共河源市委宣传部、河源市社科联授予小参村为“河源市人文社会科学普及基地”。

8月1日，驻龙川某部官兵到小参村进行革命传统教育。

10月，河源市党校副校长陈跃华率该校科室主任一行，到小参村对现场教学点工作进行调研。

10月，河源市社科联主席蒋武生、副主席曾志伟、姚志强一行到小参村调研。

2015年

3月，小参村安装路灯。

6月4日，河源市委党史研究室副主任杨石建、河源市社科联负责人蒋武生、赣州市委党史研究工作室负责人阳振乐、赣州市党史研究工作室原主任凌步机、龙川县委党史研究室主任朱光进、寻乌县委党史办的党史专家到中央苏区盐道小参段调研，由细坳镇镇长刘天铃全程陪同。

11月，中共河源市委党史研究室、中共赣州市委党史研究工作室经过充分论证认定：黄贝岭（现贝岭）至小参村通往江西兴隆村古驿道为中央苏区盐道旧址。12月，河源市岭南城乡规划设计院院长罗元带领该院工程人员到小参村将原中央苏区盐道小参段纳入小参村城乡规划总体方案。

2016年

4月22日，龙川县人民政府公告：小参漫道（小参古驿道）被评为龙川县新八景之一。

5月，广东省地方志办公室原副主任侯月祥在龙川县委常委、宣传部长蓝智慧陪同下，到小参村原中央苏区食盐储运中转站调研。

7月，河源市人大常委会主任张文在市人大常委会常务副主任吴善平、龙川县人大主任刘天瑞陪同下到小参村调研。

10月，龙川县人民政府县长杨利华一行，在细坳镇镇长刘天铃陪同下到小参村指导老区建设工作。

2017年

3月，为支持配合小参村振兴发展，河源市岭南城乡规划设计院应龙川县住房建设规划局邀请，再次到小参村进行新一轮村庄规划建设设计，经县、镇、村评审后，该规划落地实施。

5月，河源市传统村落保护与发展协会罗元会长率资深文物专家学者团队到小参村开展为期六天的考察、调研，做出规划保护原中央苏区盐道的可行性分析论证报告书，为当地政府开发利用原中央苏区盐道提供决策依据。

5月，小参革命老区村被河源市党校列为河源市党校现场教学点。

7月，小参革命老区村被共青团河源市委列为河源市青少年红色文化教育基地。

11月，河源市人民政府副市长庞启彪一行，在河源市人民政府副秘书长王少锋、河源市旅游局局长蓝智慧陪同下到小参村调研。

2018年

10月，河源市人民政府市长叶梅芬一行，在河源市人民政府秘书长钟壬旺、龙川县委副书记张新发陪同下到小参村调研。

11月，龙川县委书记黄添胜、龙川县人民政府县长杨利华到小参村指导扶贫工作。

2019年

2月，小参革命老区村被中共河源市委党史研究室批准为河源市中共党史教育基地。

6月8—10日连续三天刮风6至7级并强降雨，造成老围屋房屋倒塌数间（泥砖墙尾），农户提前搬出，未造成人员伤亡。

11月，河源市人民政府市长林涛一行，在龙川县委书记黄添胜、县长杨利华陪同下到小参村指导灾后复产工作。

2020年

1月，小参村至细坳、贝岭、麻布岗公路升级为省道 S238线，直接与麻布岗国道接轨。

2月4日，中共龙川县委常委、纪委书记谢骥等一行到小参村检查新冠病毒防控工作。

4月，河源市委党史研究室主任黄小青、副主任黄彬等一行到小参村调研。

5月，红色小参纪念广场升级改造，广场左侧建有20亩荷花池塘，供游客观赏。

7月，小参村被广东省文化和旅游厅列为广东省文化和旅游特色村。

7月28日，龙川县人大常委会副主任骆伯青率县人大代表由细坳镇委书记邹剑、细坳镇人大主席卢远发、细坳镇镇长张志坚陪同到小参村考察指导乡村振兴工作。

8月16日，赣州市委党史研究工作室主任胡日旺率党史研究调研组一行到小参村就中央苏区盐道进行调研，河源市委党史研究室副主任黄振中、二级调研员杨石建全程陪同。

11月6日，河源市人大常委会副主任胡为达、龙川县人大常委会副主任钟锐等一行到小参村开展《河源市革命旧址保护条例》立法工作调研。

11月8日，中共龙川县委常委组织部长叶金水等一行到小参村指导党建工作。

11月12日，江西省赣州市政协调研员李小菊（中）一行参观红色小参纪念广场。

溯源

小参村于宋淳祐六年（1246年）建村，距今（2020年）有774年历史。数百年来客家先民在这里垦荒拓土，遗留下数百年的古道、古屋、古街、古桥、古井，以及几十株百年参天古树。后人在这里续写着小参村的历史。2010年，小参村被广东省定为“广东省名村建设点”。2011年11月，小参村被广东省文联评为“广东省古村落”，是龙川县首批五个古村落之一。2012年，被河源市客家古邑文化研究会定为“河源市客家古邑文化研究会小参村研究基地”。

第一章 由来

小参村位于细坳镇的西北面，距细坳镇府所在地6千米、龙川县县城106千米、江西省定南县天九镇14千米、定南县城25千米。据史考，在经历宋、元、明、清、民国等时期的沧桑演变后，小参村仍然是基层管理治所地。小参河发源于江西省定南县天九镇三叉嶂，流经大河径自然村、小参村，哺育着沿河5千米内的子民，流向张田村入东江。宋末，一条贯穿南北的古栈道从村中经过。到明初，栈道变成驿道，成为交通要道，这使小参村自然而然地成为南北通达的水陆踞脚点，毗邻村文化、医疗、商业活动的中心。今人称小参村“肇始于宋，兴旺于明清”。到中华人民共和国成立初期，小参村仍是毗邻村的政治、文化、医疗、商业活动中心，治所所在地。小参村气候四季分明，雨水均匀，无重大洪涝灾害。由于人口发展，小参村历史所辖的村庄，在1958年以前多次从行政区域析出。2020年9月，小参村村民委员会，下辖19个村民小组，380户，2038人。

第一节 宋代（1127—1279年）

在宋代淳祐年间，北方战事频繁，在赣州通往粤北的古栈道上挤满了南下逃避战乱的难民，其中白、缪、陈、徐、唐等姓氏先民从北往南迁至小参村，并在这里拓土开基，繁衍生息，自耕自食。由于北方人惯于以杂粮为主食，故垦山坡地种高粱、粟米、玉米等作物（村内外山坡垦的梯田旱地，虽是林木丛生，但数百亩的梯田痕迹现仍然存在），垦田地以种水稻。这种自食其力的生活方式一直流传到中华人民共和国成立初期。在历史演变过程中，由于小参村作为商业中心的影响，至明代中期，这些先民渐渐演变为以经商为主，从而迁移至商业更发达之地。他们居住屋迹无遗存。小参人用他们的姓氏来命村里地名，以此来纪念七姓先民。如白屋、缪屋、陈屋、徐屋、曾塘、梅里堂、唐肚里等地名称谓一直沿用。

第二节　元代（1271—1368年）

元代，小参村属龙川循州路管辖（路以下的行政治理无考，龙川循州路属江西行中书省，省治所设在赣州）。由于宋末白氏、陈氏、缪氏、徐氏、曾氏、梅氏、唐氏等七姓先民杂居，又有丁、王、何、卢等北方姓氏先民的迁入，小参村人口日渐增多，以农耕为主要生活方式的小参人渐渐转为经商，村中心的店铺慢慢发展起来，小集市开始形成，逐渐形成以农耕为主，商贾为辅的生活方式。曾氏、梅氏、唐氏等家族富有经商经验，随商贩沿东江而下，迁徙至经济较发达的他乡定居。白氏在其居住地南山下屋前建设汲水井。此井一直使用到20世纪90年代，该井现仍存。

第三节　明代（1368—1644年）

至明代，龙川属循州（循州治所在佗城），隶属广东行中书省管辖，州辖都（都设在今龙川四都镇），小参设图（归四都管辖）。当时周边地区人口稀少，小参图管辖与小参毗邻的十几个村的人口（含江西九曲一带），又有吴、刘、黄、张等姓氏从北迁入小参，加上原有白、陈、缪、徐、唐、王、何、卢等姓先民，小参共有十三姓先民在这里居住（通常指的十三姓先民源于此）。李氏自文兴长子惟韬在万历年间从细坳半径中村迁小参定居。白氏和徐氏两姓先民，善经木材生意，顺东江水道贩运木材至惠州、广州等地发家致富，在明初迁居于穗。白氏在迁居前，在小参至张田的栈道跨小参河的沙径口处，造一座长38米、宽6米、高30米的拱桥供村民使用。该拱桥至今仍是乡道的交通桥。

从明代起，各省至中央都建设驿道作交通的通道（通常被称为官道），二至三百里设一驿站（官站），小参开设的十几个店铺组成小集街，使小参成为驿道上的驿站重镇，南来北往政客的落脚点，商贸的集散地。

明初在小参村至东江入口处建有一座寺庙，供水运商贩出行祭拜（该庙占地面积约300平方米，1964年发生特大洪水时被冲毁）。明中叶在木桥头敬排山建佛堂一座（占地面积约2000平方米），在1966年破“四旧”时被损毁；斋庵里建庵堂一座（占地面积约1500平方米），中华人民共和国成立前已毁。明末村内建有规模较小的五谷祖、沙观、牛神三座庙宇，现香火鼎盛，在2007年做过较大修缮。

第四节　清代（1644—1911年）

清朝期间，全县设四十八个约，其中贝岭称为百齐约，在小参村设保，下辖六个甲（即上村甲、中村甲、下村甲、张田甲、在上甲、车在畲甲）。后来经济发展，人口增长，前十三姓先民随驿道和水道，先后在清初、中、末期迁徙他乡。小参村在清朝末期唯剩李姓，因此外人称小参村为李姓村。此时，李姓居民房屋主要以上三下三（可居住10户），上五下五（居住15户），上七下七（居住20户）造型的大屋为主，泥土夹竹片行墙，砖瓦结构建造。有民居屋32个（一队有长庚第屋、新屋里；二队有旗形上屋下屋、新屋里、龙井屋、仪像楼；三队有南山上屋、敏达第屋、猶龙第屋、赤岭上屋、田心屋；四队有坑贝屋、竹园楼屋、矮屋里屋；五队有西坑围龙屋、老围屋、新屋、书房屋；六队有墩上屋、笃亲第屋、赞湖第屋、塘头下屋；七队有松树坝里屋、禾场里屋、竹山口屋、上段上屋、上段下屋、坑尾屋。再加上曾塘屋、山寮里屋、梅里塘屋等）以及街上的店铺居民屋25间（其中张田村、再上村、车在畲村无考），民居的规划与统一，使居民开始集中在一起，促使商业兴旺起来。粤东地区从南至北通京城的驿道与小参古街道重合（当时街道宽5～6米、长约120米），使小参街成为驿站、客栈中心，促进商业中心的形成，当铺、粮油盐店、理发店、药行、牛行、猪行、伙店、赌店、水货店等数十间店铺兴旺起来。而靠江河经济的木贩运业也繁荣起来。那时流行的“头老隆，二贝岭，三小参”的商贾歌谣，就是这个时期的历史见证。交通的便利也带动教育的兴起，小参私塾继续接受张田、再上、车在畲、江西兴隆、大河径等地的学生就读。

第五节　民国时期（1912—1949年）

建制：民国元年（1912年），全县设十一个警察区，第六警察区辖百齐约（贝岭）等六个约。小参村设保，属贝岭百齐约管辖。小参保辖上村甲、中村甲、下村甲、张田甲、再上甲、车在畬甲。1932年，设区辖乡，乡辖保，保辖甲制。贝岭改称第六区，区下辖四个乡，细坳设乡，小参保下辖六个甲不变。1947年，全县设五个区署，贝岭为第三区署，区署下设八个乡，细坳仍然设乡，小参仍属保的建制，下辖六个甲不变。

教育：小参村办私塾一间，江西兴隆村、大河径村及小参下辖六个甲的村民小孩就读于此。

交通：小参通往南北走古驿道，通往东西走古栈道，竹木贩运靠村中水道放运至东江。

集市：小参古街道有店铺60多间，有客栈、伙店、铁业、缝纫制衣店、杂货店、粮油店、理发店、修补店、布匹店、药店、猪行、牛行等。

第二章　史 迹

第一节　古 道

小参村始建于宋淳祐六年（1246年），兴旺于明、清、民国时期。一条古驿道从村中经过。这条驿道数百年来往返过不计其数的文人墨客、政客、商人，留下了数不尽的故事。特别是土地革命时期，中央苏区受到国民党军队围剿，龙川人民、细坳人民，特别是小参人民利用这条古驿道作为秘密通道为中央苏区输送食盐、大米、布匹等物资，保障中央苏区后勤供应。经河源市党史研究室、龙川县党史研究室、赣州市党史研究工作室、安远县党史办、定南县史志档案局等党史部门调研论证认定，龙川贝岭（黄贝岭）、小参古驿道是通往定南县鹅公、安远县尊三围等地的中央苏区盐道（小参段共5千米）。2015年10月28日，此道被龙川县文化部门列为不可移动文物保护单位。

李维东 摄

小参村至江西方向古石阶路
位于梅里塘至江广亭路段

李维东 摄

江广亭往江西方向指路碑

成双军 摄

江广亭

李维东 摄

小参至细坳方向的古石阶路

李维东 摄

再上村至小参村石阶路

第二节 古 桥

一提到小参村，人们就会想起明清时期商贸重镇素有“头老隆、二贝岭、三小参”的民谣，不会遗忘从南到北（龙川至小参）、西南（和平下车、长塘）至小参圩两个方向进入小参村都要经过的两座古拱桥。

参前大拱桥

李维东 摄

参前大拱桥距小参村村委会4千米，建于明代中期，位于原贝岭区小参乡再上村的河流上，跨越月光正河，南北走向。1958年细坳从贝岭析出，设细坳公社，再上自然村划为细坳镇细坳行政村管辖，但桥名一直沿用参前大拱桥。该桥为单孔拱桥，用红沙岩方条石砌成，拱眼高15米，宽18米，桥长45米，桥面宽8米，2006年以前是龙川至定南交通公路运输桥梁。2007年该路段改造时为保护古桥，避开参前大拱桥，在距古拱桥约150米处架设钢筋水泥平板大桥，新桥名为参前桥。古桥供游人参观行走。

传说参前大拱桥刚铺好桥面，从南面走来一位漂亮的姑娘抢先过桥，建桥石匠赶忙追赶这位姑娘要她退回去，因为新桥建成要达官贵人踩桥才吉利。但这位姑娘傲然不理睬，悄然走过，走过桥约百米处不见其踪影，石匠们惶然大惊，说那位姑娘是观音显身踩桥，后来在姑娘失影处修建了一座观音宫。该观音宫历经数百年风雨沧桑，遗迹尚存，仍有信徒敬奉香火。

沙径口拱桥

沙径口拱桥距小参村村委会1.5千米，建于明代中期，位于细坳镇小参行政村沙径口自然村河流上，跨越小参河（小参河水流经张田村后至三溪口码头汇入东江），东北往西南走向，单孔石拱桥，用红沙岩方条石砌成。拱眼高6.2米，拱眼跨度10.2米，拱桥长32米，桥面宽4.2米。中华人民共和国成立前，沙径口拱桥是东江上游三溪口码头至小参圩的交通桥梁。该石拱桥于2010年被列为县级文物保护单位。

陈启鹏 摄

李维东 摄

石板桥

位于墩上屋门前小溪的古石板桥，是从细坳古驿道至小参村的第一座桥，由三块麻石条挂跨平探小溪，每块石板厚0.35米，宽0.8米，长5米。经文物部门认定为清初建造。

李维东 摄

小溪石拱桥

位于梅里塘至江广亭的小溪石拱桥（一桥），单孔，桥面宽1.6米，桥高2.8米，桥长4.5米，用本地粉红麻石条砌成。经文物部门认定为清初建造。

李维东 摄

位于梅里塘至江广亭的小溪石拱桥（二桥），单孔，桥面宽1.6米，桥高2米，桥长4.1米，用本地粉红麻石条砌成。经文物部门认定为清初建造。

卢远发 摄

小溪石板桥

小溪石板桥位于大河村至小参村途中（大河径村边），桥长3米，三块石板组成，每块石板宽0.7米，厚0.2米。

第三节　古 屋

李良尧 摄于1995年

西坑围龙屋（柱史衍庆）

西坑围龙屋建于明万历年间，坐北向南，原为三进二横一围布局，土砖木瓦结构，面宽34米，深32米，建筑面积1088平方米，占地面积（含水塘）2500平方米，青砖墙基土砖和夯土混合墙体，硬山顶，灰瓦屋面，鹅卵石地面。现仅存左斗门、下正厅、中正栋“仰高祠”、后正栋左房间、二横屋及围拢。大门为木门框，麻石门礅，木门页，门额墨书“柱史衍庆”。另外，大门前有一半月形水塘，左斗门楼前有二圆木柱承一梁，木门框，麻石门礅、门槛，门后有木楼棚，总占地面积1493平方米。此屋是李惟韬所建。明末，李惟韬孙李世相在朝廷被崇祯皇帝授为参将，后人为纪念李世相将军，将正厅右侧设小厅专门供奉李世相将军像，祠额墨书“仰高祠”。此屋在2019年“6・10”水灾中倒塌。

李维东 摄

墩上屋（始建于清中）

李良尧 摄于1995年

南山下屋（始建于清中）

旗形碉楼（始建于清中） 秦双军 摄于1995年

坑背屋（始建于清中） 李良尧 摄于1995年

田心屋（始建于清末） 李培泉 摄

李伟平 摄

仕仁公老屋（始建于清中）

李伟平 摄

明公老屋（始建于清末）

李国贤 摄

南山下老屋炮台（始建于清中）

李培泉 摄

法祥第（始建于清末）

第四节　名屋

长庚第位于径口，建于清代中期，上三下三，二进二横六厅三井，十四间房间，土墙双层木瓦结构，正门外设有围墙、斗门、脚门，建筑面积380平方米。

恢兴第位于坑背，建于清代中期，上五下五，三进四横九厅，十井，土墙双层木瓦结构，建筑面积1080平方米。

身修第位于老围，建于清代中期，上五下五，三进四横九厅九井，砖墙双层结构，建筑面积780平方米。

法祥第位于老围，建于清代末期，上三下三，二进二横六厅三井，土墙双层木瓦结构。建筑面积380平方米。

笃亲第位于古街桥头边，建于清代中期，上三下三，二进二横六厅三井，砖墙木瓦结构，前栋为双层，后栋为一层楼（按地形高底建筑），从外形看高出层。左后栋高有角楼（炮台），总体建筑较为特殊。建筑面积380平方米。

赞府第位于塘头下，建于清代初年，上五下五三进，六横九厅，十二井，土墙双层木瓦结构。建筑面积1200平方米。

文明第位于竹山口，建于清代中期，上五下五，三进三横（左边为二横，右边为一横），十二厅六井，土墙双层木瓦结构，正门外设有围墙，斗门、脚门，建筑面积480平方米。

第五节　名楼

犹龙楼位于赤岭下，建于清代初年，上七下七，三进六横，后栋增设有有围龙结构特色。屋前有月形水塘（水塘约500平方），是一座客家围龙屋，泥土中墙木瓦结构。

敏达楼位于南山下，建于清代中期，上五下五，三进四横，十厅八井，后栋左右角楼为三层楼，双层砖木瓦结构，右下角外墙设有炮台（4层）一座。

华岳楼位于田心，建于清代中期，上五下五，三进四横，十厅八井，双层土墙木瓦结构。

第六节　特色民宅

小参村地处粤东北，地势较高，四面环山的小盆地，气候差异大，冬有霜雪，夏有酷暑，春有潮湿，其民宅建筑较为特殊。房屋多为双层建筑木瓦结构，墙体纯黄泥夹苗竹竹片中墙，墙厚为37～47厘米。泥墙具有保暖、防寒、防潮功能，俗称“冬暖夏凉春防潮”。1949年以前多以家族群居，上七下七、上五下五、上三下三土墙木瓦结构的方屋居住。1950年后逐渐以小家庭自居，上三下三、义字屋（合掌屋）。但房屋仍是传统建筑土墙双层结构，保留传统建筑风格。

吴良生 摄

民居（位于坑背的上三下三双层土墙木瓦结构方屋，建于1980—1985年，墙体厚35厘米）

第七节　古 街

小参古街位于粤赣南北交往的古驿道上。据有关史志记载，小参古街始于元代，兴于明清、民国时期，是龙川半个县经济交易重镇，街道全长160多米，宽5米，街面鹅卵石铺砌，开设有布匹、五金、百货、日杂、副食、客栈、旅馆、中伙食馆、赌馆等店铺60余间，其贸易圩景素有“头老隆、二贝岭、三小参”的美称。自北入粤的驿站就设在该地。

李长青 提供

小参古街一角

李长青 提供

小参古街一角

第八节 古 祠

李维东 提供

李仕诚长孙李惟韬宗祠

小参村建村至今774年，其间有吴、刘、黄、张、白、陈、缪、徐、廖、王、何、卢、李等姓先民曾在小参村居住。该村陆路（驿道）和水路（东江上游）交通便利，除李姓仍在小参居住外，其他十二姓先民在明清时代随陆路和水路往南迁移至商业更发达地区，他们在小参村未建祠堂。

李立新 提供

李仕诚次孙李惟昌第十三代裔孙李仕儒祠堂

李伟平 提供

李仕诚四孙李惟贵第十三代裔孙李仕仁祠堂

第九节　古 井

1. 元代古井

元代古井位于南山下老屋门前路上，曾多次修缮。2008年对该井进行修缮，但对井口维修不合理。县文广新局于2015年8月将古井列为不可移动文物，给予保护。

古 井

以上图片由李国贤于2020年4月2日拍摄

2. 明代古井

明代古井位于小参古街，明清、民国时期为小参街市民及周边百姓生活用水井，中华人民共和国成立后，继续沿用。1986年，小参村用上自来水，此井不再为饮用水井。现该井全貌完整。县文广新局于2015年8月将古井列为不可移动文物，给予保护。

李维东 摄

明代古井

3. 西坑古井

西坑古井是小参村第三口古井，位于柱史衍庆围龙屋的西侧。井为圆柱形，直径1.6米，深度1.8米，用青砖石块砌成，井底是粉石层，泉水从底部西边粉石缝中喷涌而出，水质清澈、明净、甘甜，全年水量大而不涸。

李志锋 摄

西坑古井（明末）

第十节　古水坝

小参河在小参村流经约5千米，落差约35米。明朝中期，小参河上建有5座水坝，中华人民共和国成立后，分别对5座水坝进行过多次维护保养。

李国贤　摄

沙下潭水坝（建于明中）

李培泉　摄

中村（分站门口）水坝（建于明中）

李培泉　摄

松树坝水坝（建于明中）

秦启鹏　摄

拱桥头水坝（建于明中）

李国贤　摄

鸭嫲坑水坝（建于明中）

第十一节　古 树

小参村有6种22棵古树。为了更好地保护古树，小参村民委员会于2014年7月对这6种古树挂牌给予重点保护。2016年8月，这6种树种被县林业局列为县级保护古树，有古荷树、古皂角树、古桔柤树、古胶树、古油茶树、楠树。

李维东 摄

1. 古荷树（2株）

一株位于小参古街桥头约30米处。树围约2米，树高约18米，树枝覆盖地面约200平方米，树龄约350年，被村民委员会列为重点保护古树。

李良友 摄

另一株位于坑背老屋左上角150米处。树围约2.5米，树高约21米，树龄约280年，树枝覆盖地面250平方米，被村民委员会列为重点保护古树。

李维东 摄

2. 古皂角树（3株）

一株位于赤岭屋背150米处，树围约4.3米，树高约19米，树枝覆盖地面350平方米，树龄约500年，被村民委员会列为重点保护古树。

李培泉 摄

另两株位于上塅屋背路边上。其中一株树围约1.5米，树高约18米，树枝覆盖地面约150平方米，树龄约250年；另一株也大致同时种植。这两株均被村民委员会列为重点保护古树。

李国贤 摄

3. 古桔杻树（1株）

位于南山下屋右下角50米处，树围约3米，树高约22米，树枝覆盖地面约300平方米，树龄约350年，被村民委员会列为重点保护古树。

李维东 摄

4. 古胶树（12株）

位于径口屋河边，占地面积约600平方米，树围都在0.7～0.9米之间，树高约6米，树龄约250年。此12株古胶树被县林业部门列为重点保护古树群。

卢远发 摄

5. 古油茶树（1株）

位于梅里塘上江广亭路上，树头分四株生长，树头树围约1.5米，每棵（连接树头部）树枝头约0.4米，树高约2.5米，树龄约350年，树枝覆盖地面约30平方米。现该古茶树枝繁叶茂，每年开花结果，整株可摘茶子（20～25千克）。古茶树为村民所有，由其保护。

6. **楠树（3株）**

李培泉 摄
图一

李培泉 摄
图二

位于上塅老屋背。图一中楠树树围2.1米，树高约18米，树枝覆盖面积约200平方米，树龄约350年。2016年8月被县林业局列为重点保护古树。图二中左楠树树围1.5米，树高约15米；右楠树树围1.3米，树高约14米，两棵楠树树枝覆盖面积约300平方米。

第十二节　古 庙

1. **五谷祖庙**

传说神农是农业和医药的发明者，他尝遍百草，教人医疗和农耕，被世人尊称为"药王""五谷先帝""神农大帝"等。炎帝为神农后裔，继祖德为己任，号称神农氏，教人种植庄稼并遍尝百草，发展医药，医治百姓疾患。

李国贤 摄
五谷祖庙（始建于明初）

在漫长的岁月中，炎帝和黄帝均被视为中华民族的始祖，各地纪念先祖的选择有所不同，北方多为选择兴造纪念黄帝的庙宇，南方多为选择兴造纪念炎帝的神庙，而纪念炎帝的神庙称为“五谷祖”“五谷大帝”“五谷师爷”等。

2. 社观庙

社观庙由来：社观庙在全国各地都有，多在乡村。青海、浙江一带的建设规模较大。现与宗教文化、旅游文化融为一体，被编入旅游线路参观的景点，供游客观光和祭拜。但社观庙的由来在史书及各地的社观庙均未发现有文字记载。

李国贤 摄

社观庙（始建于明初，2007年8月修缮）

关于社观庙由来，各地传说不一，但社观庙选址的地理位置、方位均相同，庙址都是在河边湾处的滩涂岸边。客家地区几乎每个村庄都有社观庙。传说，古时先民进村拓土开基，需捞沙石建设住宅。穷人捞沙赚钱度日，富人用沙石建豪宅，沙石成为穷人与富人交易的商品。春、夏、秋季有雨水，河里就有沙，冬季雨水较少，河里沙也少。村民为求沙丰，将每年春分日定为起沙日，立冬日定为还沙日。这两天大家会在起沙之地祭拜，祈求全年风调雨顺、来年大吉。穷人以求河沙交易保障生活，就在此地建一神坛当作沙爷进行拜祀，久而久之，富人看见穷人拜祀沙爷能风调雨顺，生活也逐渐好起来了，富人亦想更富，于是也去拜祀沙爷。从此，沙爷就成为公众的神仙，对社神的称呼亦改为“社爷”“社观神”“看护神”，民众对社观神的精神寄托更大了，社观庙的香火也越来越旺。在家耕种者祈求五谷丰登、丰衣足食、老少平安、世代昌盛，出门谋生者祈求生意兴隆、事业发达兴旺。供奉社观，多一种信念，多一种信仰，人们信奉社观神的神力，祭拜的人越来越多，便把农历每月初一和十三这两天定为祭拜社观日。

3. 牛 神

传说每年六月初六为小参村村民的扛牛神节。村中有个“福主大王”，又叫做“牛神”。“牛神节”前，一般天都会下雨，洗洁神坛，以迎节日。每年六月初五深夜必有两头牛不知从何处而来，体高肥壮，令人喜爱。观其四蹄，蹄子都走烂了。可是，附近各村农户从无人丢失耕牛。

李培泉 摄

牛神神坛（始建于明末，1995年因公路扩宽，牛神神坛迁移到现在位置）

“牛神节”早上，为首祭祀的那几个人，便将从远处而来的肥牛在神坛前宰杀，供村民作为午膳。晚上扛着牛头作祭品，焚香燃烛，敲锣打鼓，大放鞭炮，走遍小参全村各屋，热闹非凡。各家各户男女老少穿着新鞋新衣裳，还办置酒席，邀请亲朋好友共庆节日。

初七早上，用同样的方式宰杀第二头牛，叫做“清坛”。村民扛着“福主大王”神牌到小参街逐店参拜，再次回坛祭祀。祭后将神牌放回坛座，叫做“复坛登位”，意为村中大吉，后欢喜而散。

某年某天，天刚朦朦亮，有一村民看见那只体壮身高的神牛，便偷偷地用自己家中的耕牛换回用来祭祀的神牛。从此以后，便再没有祭祀用的神牛到来。每年六月初六虽仍然举行扛“牛神”，但祭祀用的牛是由大家凑钱买来的。

中华人民共和国成立后，这种扛“牛神”的祭祀活动再没有举行过。村民为纪念这种习俗，1996年在原位（地名：神背）重新修建神坛。此后，逢年过节村民带着纸钱香烛前去祭拜祈福。

第十三节 古 匾

小参村历史悠久，文化源远流长，各祖屋都遗留有各种牌匾。在1966年“破四旧、立四新”的运动中大多被毁。有4块古牌匾被收藏，其中“斯文首倡”牌匾被李惟韬裔孙李宗欢家收藏，其他3块收藏在龙井屋其昌楼。

克绍箕裘（匾名比喻能继承祖、父的事业，语出《礼记·学记》）

紫气东来（主要用于书香门第的大门口上的牌匾）

天恩赐爵（即上天施恩赏赐爵位。天指天子，也常用以表示皇帝（君王）赏赐臣民爵位或财物）

斯文首倡

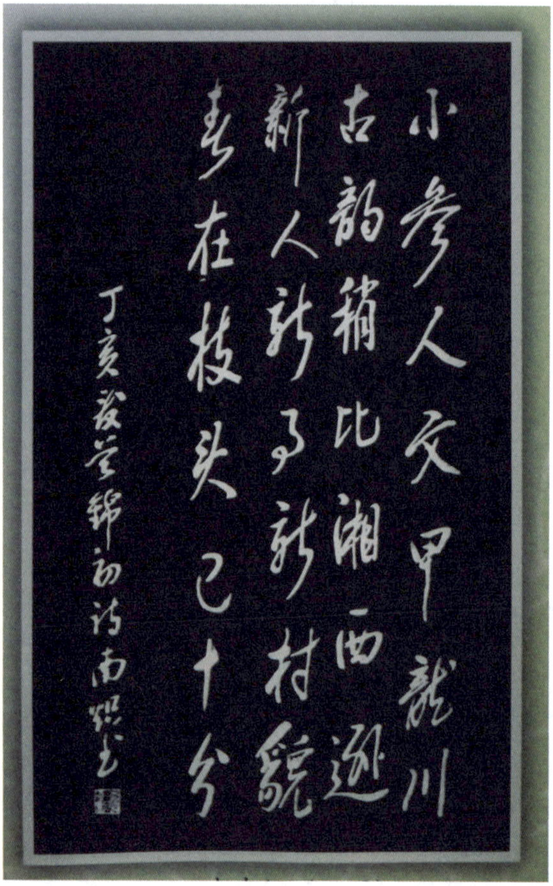

河源市政协原常务副主席袁南炽书写曾锦初诗，以纪念小参村悠久的历史和展望小参村未来的发展前景。诗作者曾锦初是深圳市资深文化人，他多次陪北京电影学院教授谢逢松到小参村调研并赋诗赞美小参村。

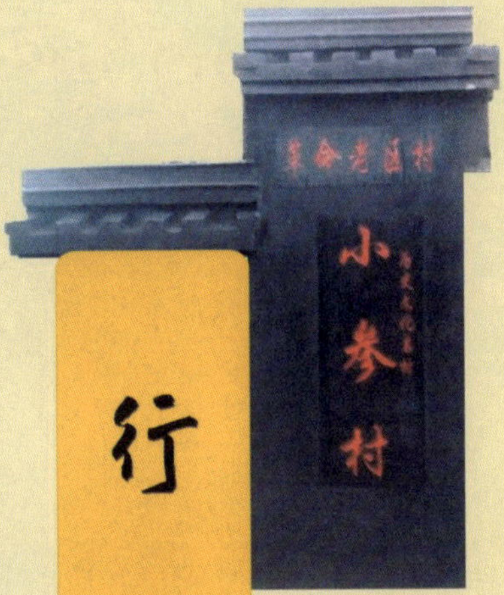

行政

第一章　行政建制

第一节　村名沿革

小参村建村于宋代淳祐六年（1246年），一条通南北的古道在村中通过，白姓等多姓先民从北方迁来小参村落居，当时周边村庄无开发且无人居住，因小参村四周是高山环抱的小盆地，故称为“小山村”，到元代人口逐渐增加，开通小参至和平方向道路后，可从三个方向进入小参村，地名改称“小三村”。明朝末年，小参村李世相在朝廷出任参将，后人为纪念李世相将军，将村名改为“小参村”。民国期间，小参村为参前乡管辖（参前乡治所设在小参村），属龙川县第五区（贝岭）管辖，参前乡下辖张田村、车在畲村、再上村。

各时期村名：

小山村（宋淳祐六年—元朝）

小三村（元朝—清朝初期）

小参村（清朝初期—中华人民共和国成立前）

参前村（1949—1954年）

小参村（1954—1964年）

小三村（1964—2013年4月）

小参村（2013年4月至今）

第二节　行政机构

参前乡农民协会（1949年10月—1954年11月）

参前乡人民政府（1950—1954年）

小三生产大队（1954—1968年）

小三生产大队革命领导小组（1968—1981年）

小三乡人民政府（1982—1985年）

小三管理区办事处（1986—1998年）

小三村民委员会（1998—2013年）

小参村民委员会（2013年至今）

李维东 摄

小参村党群服务中心

历任行政主管名录

姓名	性别	职务	任职时间（年.月）	籍贯	行政名称
李伴香	男	主席	1949.10—1950	小参村	参前乡农民协会
李观秀	男	主席	1950—1954	小参村	参前乡农民协会于1954年12月撤销
李和坤	男	乡长	1950—1951.01	小参村	参前乡人民政府

（续上表）

姓名	性别	职务	任职时间（年.月）	籍贯	行政名称
李和清	男	乡长	1951.01—1952.01	小参村	1951年1月 设参前乡人民政府
李才金	男	乡长	1952.02—1956.12	小参村	参前乡人民政府
李相桥	男	文书	1951—1952	小参村	参前乡人民政府
叶文清	男	文书	1953—1959	张田村	参前乡人民政府
刘德明	男	大队长	1957.01—1960.09	张田村	1956年冬 设参前乡生产大队
李仲儒	男	大队长（兼）	1960.10—1964.09	小参村	参前生产大队
刘昌宏	男	大队长（兼）	1964.10—1966.09	张田村	小三村生产大队
李仲儒	男	大队长（兼）	1966.10—1968.03	小参村	小三村生产大队
李国华	男	主任	1968.04—1970	小参村	1968年4月 设小三革命领导小组
李子星	男	主任	1970.04—1971.09	小参村	小三村革命领导小组
李石金	男	主任	1971.10—1972.09	小参村	小三村革命领导小组
李国华	男	主任	1973.06—1976.06	小参村	小三村革命领导小组
李光大	男	主任	1976.07—1979.06	小参村	小三村革命领导小组
李运青	男	乡长	1982—1985	小参村	小三乡人民政府
李作连	男	主任	1985.07—1989.07	小参村	小三村管理区办事处
李国华	男	主任	1989.08—1994.06	小参村	小三村管理区办事处
李万其	男	主任	1994.07—2011	小参村	小三村民委员会
李维东	男	主任	2011.06至今	小参村	小参村民委员会

历任妇女主任名录

姓名	性别	职务	任职时间（年.月）	妇委名称
李秀英	女	主任	1968—1970.02	小三村妇委会
李良英	女	主任	1970.03—1973.03	小三村妇委会
李贱姐	女	主任	1973.04—1974.12	小三村妇委会
李满妹	女	主任	1975.01—1976.03	小三村妇委会
李惠英	女	主任	1976.04—1986	小三村妇委会
刘选威	女	主任	1986—1990.02	小三村妇委会
李玉英	女	主任	1990.02—1990.05	小三村妇委会
李良娇	女	主任	1990.06—2014.06	小三村妇委会
刘丽云	女	主任	2014.03—2015.06	小三村妇委会
刘小英	女	主任	2015.06—2016.06	小三村妇委会
徐育红	女	主任	2016至今	小三村妇委会

历任民兵营长名录

姓名	性别	职务	任职时间（年.月）	籍贯	民兵营名称
李成诗	男	营长	1950—1954	小参村	参前乡民兵营
周序才	男	营长	1955—1957	张田村	参前乡民兵营
刘德来	男	营长	1957—1959	张田村	参前大队民兵营
李国华	男	营长	1959—1961	小参村	参前大队民兵营

（续上表）

姓名	性别	职务	任职时间（年.月）	籍贯	民兵营名称
李良汉	男	营长	1961—1963	小参村	小三大队民兵营
李来胜	男	营长	1963—1965	小参村	小三大队民兵营
李金灵	男	营长	1966—1967	小参村	小三大队民兵营
李炳荣	男	营长	1968—1971	小参村	小三大队民兵营
李文召	男	营长	1971—1980	小参村	小三大队民兵营
李日红	男	营长	1980—1999	小参村	小三大队民兵营
李日文	男	营长	1999.04—2002.04	小参村	小三村民兵营
李维东	男	营长	2002.04—2014.04	小参村	小参村民兵营
李林青	男	营长	2014.06至今	小参村	小参村民兵营

小参村村委 提供

历任小参村村委干部合影留念（2020年5月17日摄）

小参村村委 提供

历任小参村村委男干部合影留念
（2020年5月17日摄）

小参村村委 提供

历任小参村村委女干部合影留念
（2020年5月17日摄）

第三节　行政区划

参前乡人民政府辖今细坳村的车在畲自然村、再上自然村、张田村。

参前生产大队辖今张田村、车在畲自然村、再上自然村，1956年细坳设村级管理，车在畲自然村、再上自然村析出细坳村管辖，1964年张田村设村级管理，张田村析出，张田村自治。

1964年后辖区范围未变。2020年，村委下辖19个经济合作社；常住居民380户，户籍人口2038人。

第二章　党团基层组织

第一节　中国共产党基层组织

（1）大平参前党支部（1951年1月—1952年6月）

（2）参前乡党支部（1952年7月—1955年9月）

（3）参前生产大队党支部（1955年10月—1964年10月）

（4）小三村生产大队党支部（1964年10月—1982年）

（5）小三乡党支部（1982—1985年）

（6）小三管理区党支部（1985年7月—1989年7月）

（7）小三村党支部（1989年8月—2011年4月）

（8）小参村党支部（2011年4月至今）

历任党支部书记名录

姓名	性别	职务	任职时间（年.月）	籍贯	支部名称
李水青	男	书记	1950.01—1950.12	贵湖村	大平参前党支部

（续上表）

姓名	性别	职务	任职时间（年.月）	籍贯	支部名称
杨特凡	男	书记	1951.01—1952.06	贝岭镇	大平参前党支部
李才金	男	书记	1952.07—1955.09	小参村	参前乡党支部 十二区委委员
刘德明	男	书记	1955.10—1956.11	张田村	参前生产大队党支部
刘接银	男	书记	1956.12—1958.10	联平村	参前生产大队党支部
李石才	男	书记	1958.11—1960.09	小参村	参前生产大队党支部
李仲儒	男	书记	1960.10—1964.09	小参村	参前生产大队党支部
刘昌宏	男	书记	1964.10—1966.09	张田村	小三村生产大队党支部
李仲儒	男	书记	1966.10—1968.03	小参村	小三村生产大队党支部
李国华	男	书记	1968.03—1970.03	小参村	小三村生产大队党支部
李子星	男	书记	1970.04—1971.09	小参村	小三村生产大队党支部
李石金	男	书记	1971.10—1973.09	小参村	小三村生产大队党支部
李国华	男	书记	1973.10—1976.06	小参村	小三村生产大队党支部
李光大	男	书记	1976.07—1979.06	小参村	小三村生产大队党支部
李国华	男	书记	1979.07—1986.06	小参村	小三村生产大队党支部期间1982—1985年为乡支部
李作连	男	书记	1985.07—1989.07	小参村	小三管理区党支部
李国华	男	书记	1989.08—1994.06	小参村	小三村党支部
李万其	男	书记	1994.07—2011.04	小参村	小三村党支部
李维东	男	书记	2011.04至今	小参村	小参村党支部

注：1950年1月—1952年6月大平乡、参前乡合并设一个党支部，办公地址设在细坳圩。1952年参前乡发展党员有李才金、李良文、李深宏、李顺延、李良新、李相桥、李仲儒、刘昌宏、刘德明、李和清、李运才、叶文清。1952年7月参前乡成立党支部，办公地点在小参古街。

第二节　中国共产主义青年团基层组织

参前乡团支部（1951—1954年）

参前大队团支部（1955—1960年）

小三大队团支部（1961—1973年）

小三乡团支部（1973—1985年）

小三大队团支部（1986—1990年）

小参村团支部（1990年至今）

历任团支部书记名录

1951年设立

姓名	性别	职务	任职时间（年.月）	籍贯	支部名称
刘德明	男	书记	1951—1954	张田村	参前乡团支部
叶文清	男	书记	1955—1960	张田村	参前大队团支部
李石金	男	书记	1961—1967	张田村	小三大队团支部
李来华	男	书记	1968—1970.06	小参村	小三大队团支部
李良英	男	书记	1970.07—1973	小参村	小三大队团支部
李贱姐	男	书记	1973—1985	小参村	小三乡团支部
刘选威	男	书记	1986—1990	小参村	小三大队团支部
李良娇	男	书记	1990—2014	小参村	小参村团支部
刘丽云	女	书记	2014—2015	小参村	小参村团支部
徐育红	女	书记	2015至今	小参村	小参村团支部

第三章 理 政

中华人民共和国成立以来，小参村曾为乡人民政府、大队、管理区办事处、村民委员会等，均是基层行政管理单位。小参村在上级党委政府的领导下，根据山区村况实际，发展农村各项事业。

第一节 建立农业生产互助组

中华人民共和国成立初期，农村实行土地改革，农民从地主、富农手里分得了土地，成为个体耕种户，农民积极性很高。但由于个体耕种缺乏生产资料及生产工具，农民耕种不便。1955年起，基层组织逐渐引导农户自愿组织互助组、合作社，充分调动起农民的积极性，农业生产有了较大的发展。

第二节 管理举措

由于耕种农田按人口分配给各户耕种，村内很多良田被切割分成小块进行分配，设立的界址田塱较多，浪费了不少良田。1958年成立人民公社后，土地归公，由生产队统一管理，平整耕地，铲除田塱，扩大田亩，有效地提高了耕种土地使用率。

1949年后，小参村（含乡政府、大队、管理区办事处）重视人才培育，曾三次建校，校园建设一次比一次完善：

（1）1950年在茶顶建造了一座双层土墙结构的教学楼。

（2）1964年在高龙湾新建了一座双层土墙结构的教学楼。

（3）1999年在高龙湾学校原址重新建了一座现代教学的综合大楼。

到目前现代化教学已进入了校园。

第三节　实行家庭联产承包责任制

1980年12月实行家庭联产承包责任制，将生产队管理的土地山林重新分配给农户，实行由农户家庭向集体经济组织（主要是村、组）承包土地生产资料和生产任务的农业生产责任制形式。在农业生产中农户作为一个相对独立的经济实体承包经营集体的土地和其他大型生产资料（一般做法是将土地等按人口比例分给农户经营），由农户与村经济合作社订立承包合同，按照合同规定自主地进行生产和经营。这一重大改革，调动了农民耕种的积极性。

第四节　处置应急事件

1964年6月3—6日，连续强降雨，造成山洪暴发，多次山体滑坡，出现百年一遇的洪涝灾情，大队组织村民进行排涝，修复农田，减灾复产。

2019年6月8—12日连续三天刮风，风力达到六七级并强降大雨，山体出现泥石流，河水暴涨，农田受灾，村委组织志愿者逐户排查安全隐患，帮助三户居住在泥墙结构土房的农户转移至学校的安全用房居住。

河水暴涨（图一）

河水暴涨（图二）

2020年1月27日，为抗击新冠病毒疫情，河源市防控疫情为二级响应，村委组织志愿者24小时在省道 S238线过境路口设卡检查。3月27日撤销路卡。

江西定南兴隆村入广东龙川小参村卡口检查

广东龙川小参村入江西定南兴隆村卡口检查

小参村至细坳再上村卡口检查

第四章 村民自治

村民自治制度的含义：村民自治制度是一项具有中国特色的农村基层民主政治制度，即农村村民依照《中华人民共和国宪法》和《中华人民共和国村民委员会组织法》

的规定，由村民直接选举村民委员会成员，设立村民自治组织，行使自治权，实现村民自我管理、自我教育、自我服务的制度。

党的十八届三中全会通过的《中共中央关于全面深化改革若干重大问题的决定》指出，建立健全村民监督机制，促进群众在城乡社区治理、基层公共事务和公益事业中依法自我管理、自我服务、自我教育、自我监督。

1. 依法选举村民委员会成员

村党支部在上级党委的正确领导下，认真履职，严格遵照宪法、村民自治法和村民委员会组织法等法律，从1999年5月开始，小参村民委员会选举按照村民委员会选举办法，进行“二推一选”（即“组织推荐、村民推荐”“村民选举”）要求，推荐候选人提交村民选举，5月底顺利完成第一届村民委员会成员的选举工作。届满后进行过六次换届选举，选出组织信任、群众满意的村民委员会（见下表）。

历届村委领导成员任职一览表

届别	任期时间（年. 月）	主任（兼书记）	副主任	委员
第一届	1999. 5—2002. 5	李万其	李来华	李维东、李日文、李良娇（女）
第二届	2002. 5—2005. 5	李万其	李来华	李维东、李良娇（女）、周满凤（女）
第三届	2005. 5—2008. 5	李万其	李维东	李良娇（女）
第四届	2008. 5—2011. 5	李万其	李维东	李良娇（女）
第五届	2011. 5—2014. 4	李维东	李良娇（女）	刘丽云（女）
第六届	2014. 4—2017. 4	李维东	李林青	刘丽云（女）
第七届	2017. 4—2020. 12	李维东	李林青	徐育红（女）

2. 2011年12月经村民小组长会议通过《乡规民约》

四爱：爱祖国，拥护党；爱人民，扶济困；爱劳动，勤致富；爱公益，做善事。

四尊（遵）：遵纪守法，弘扬正气；尊师重教，建功立业；尊规重礼，淳朴民风；

尊老爱幼，和睦乡邻。

四不：不损人利己，从小事做起；不乱砍乱伐，自觉护育林；不涉黄赌毒，家家立严规；不违法乱纪，洁身树品格。

自然地理

第一章 地理位置

小参村位于细坳镇西北面，是细坳镇的北出口，省道S238线在小参村中心通过，全村面积13平方千米，东与细坳行政村的再上自然村接壤，东北面与月光正自然村及龙塘自然村相邻，南面与张田行政村交界，北面与江西定南县兴隆村及兴隆行政村的大河径村等6个行政村自然村相连。

小参村位于东经115°、北纬24°，海拔256.35米，东西方相距3.8千米，南北方相距4.2千米；距细坳镇政府6.2千米、龙川县城106千米、江西省定南县天九镇政府14千米、定南县城25千米。

第二章 地形地貌

第一节 山 脉

小参村是青山环抱的小盆地，站在村中心举目可见四周五座高山：果合寨山、后龙岗山、老围头山、焦树印脑山、角坑寨山。五座山脉归落处形似五匹骏马回槽，历代地理名师（堪舆师）路过小参村时都会在这个五马归槽村庄歇脚几天，领略五马归槽的风水宝地韵味。

果合寨山由细坳永安村野猪嶂山脉往北至江西省鹅公镇天九镇花拉嶂山村再至小参村，山脉走向约25千米。后龙岗山（惠公山）从崎山嶂（志公山）山脉至江西天九镇黄喉村山脉往东至小参村山脉走向5千米。老围头山起于崎山嶂山脉右山脉至张田方向时回走至小参村，山脉走向约7千米。角坑寨山由黄龙村虎坑嶂山脉往北至细坳张田村至小参村。蕉树印脑山由野猪嶂山脉延伸至小参村，山脉走向约20千米，各座延往小参村的山脉均是武夷山脉的延伸。

第二节 河 流

小参河起源于江西省定南县天九镇大河径三叉嶂，三叉障北面水流入大河径自然村成小溪流入小参村。约5千米长的小参段，有中园小溪、曾塘小溪、果合寨小溪、梅里塘小溪、广东山里小溪等溪流汇入。后经张田村流入东江。三叉嶂东面水流入大河村至东南面水流入月光正河道。

第三节 地 质

小参村地势北高南低，四面由五条山脉环抱形成一个长形自然小盆地，长约5千米的地势落差约40米。土质为松软、略带黏性的砂土，表层为松软土。由于地处热带地区，雨水充足，灌木和乔木生长茂盛，土壤肥沃，表层杂草丛生，有利于保护表层土壤的土质。

第三章 气 候

小参村气候属于亚热带气候，夏季炎热多雨，冬季寒冷干燥，常年平均气温在18℃左右，最高气温为37℃，最低气温为-1℃。夏有酷暑，冬有霜雪，最长不超半个月。气候温和，雨量充足，适合山林植物、苗竹及农作物生长。不易发生重大洪涝灾害造成山体滑坡，以及霜雪严寒冰冻等极端天气造成农作物损害的自然灾害。

第四章 自然资源

小参村青山环抱。大自然赐给小参村一个宜居的生存环境，林木、苗竹等经济生态作物自然生长，北高南低的地形，有茂密的山林，不易受山洪暴发影响，自然排洪快，雨季不怕涝，旱季不愁水，结构合理，生态自然平衡。

第一节　土地资源

一、耕地分布

1. 村内

（1）村内耕地960亩为垌田，土地肥沃，阳光充足，北高南低，排水方便，一年二造水稻，属丰产田。

（2）村内山边旱地（畲地）约100亩，土地肥沃，阳光充足，靠山边小溪水浇灌，适宜种番薯、木薯、淮山、土豆、黄豆、花生及蔬菜类食物。

2. 村外

村外耕地150亩，为山坑田，阳光充足，土地肥沃，溪水浇灌充足，主要分布在高山小盆地上，一年二造水稻，属半丰产田。旱地、开垦地适宜种植番薯、木薯、淮山、黄豆、花生等作物。

村内垌田耕种土地表

单位：亩

地名	水田面积	旱地面积	垦带面积
村内垌田	960		30
合计	960		30

村外山坑耕种土地表

单位：亩

地名	水田面积	旱地面积	垦带面积
曾塘	50	5	15
山寨里	55	5	
梅里塘	30	3	
作水坑里	30	3	
崩辅下	30	3	
高坑里	35	3	
高峰寨	30	3	

（续上表）

地名	水田面积	旱地面积	垦带面积
磨刀坑	25	4	
老禾畲	10	4	
岌里背	25		
大丘麻坳上	35	10	15
圆墩下	20	3	
斋庵里	50	4	
细窝里	10		
大窝里	12		
塘肚里	50		
角坑排	15	3	
敬排山	10	10	
坡下	15	5	
拱桥头	20	7	
老围头		15	
上高坑	15		
曾坡塘	15	3	
澳门里	10	3	
合计	597	96	30

①村内村外耕种水田共1557亩；
②村内村外旱地共96亩；
③村内村外垦带共60亩。

二、林地分布

小参村林地面积18 900亩。各个山嶂平缓延伸至小参村，适宜多种植物生长，数百年来自然生长，无需种植，为混合林生产基地。

海拔600米以上多为松树和其他种类的灌木，为经济用材。松树油脂是工业、药业的原料，在中华人民共和国成立后至20世纪60年代末，松树加工成枕木为铺设铁路轨道用材，90年代起为建筑房地产用材。除此之外，松树树干还可以用作造船、矿山窑洞架梁材料，板材用作建筑模板等。

海拔600米以下多是杉木、赤梨等。杉木被客家人视为正本木，是建筑房屋、制作家私、架设桥梁的主要原料，使用价值高。赤梨主要用于制作高档家具。

山坑多为苗竹。苗竹多为建筑搭架及造纸用。杂竹有黄竹、泥竹、赤竹、厘竹、薯竹，其中黄竹、泥竹主要用于编织家庭用具，赤竹、厘竹、薯竹主要用于园林围墙、菜地篱笆。

三、食用油茶山分布

单位：亩

地名	面积	备注
畲罗排	100	
鸭麻坑	65	
七头坑	65	
角坑寨顶	75	
角坑排	200	
龙井屋背	20	
老围头	35	
茶顶里	35	
当风坳	200	
神背	200	
广东山里	250	
崩辅下山	200	
鬼里坑山	120	
河坑尾	100	
马路里	60	
合计	1725	

第二节 植　物

1. 木本植物

（1）乔木类：松树、杉树、荷树、油桐树、漆树、白栎、枫树、樟树、桔杻树、将军树、桂花树、火焰树、沙洞镑、火柴树等。

（2）灌木类：鸭脚木、布惊、算盘仔、石板树等。

（3）藤木类：鸦鹊饭、糖古瓮勒、酒饭团、田螺鄙、葛藤、毛葛、鸡血藤、赤勒、勒泡勒、乌赖藤、佳笛仔藤、墙攀子、山布惊等。

（4）杂树：脆革树、侯脐树、沙末树、牙交铁、根树、白莫树、红莫树。

（5）果树类：柑树、山桔仔树、稔子树、野石榴、吊茄树、糖梨树、山苍树。

2. 草本植物

（1）杂草类：虱麻头、芒萁、蕨苗、风尾草、鲁萁、乌脚鲁箕、茅草等杂草类植物。

（2）竹类：毛竹、付竹子、金竹子、里竹、黄竹、牙笛、花竹子竹等。

3. 药材类

山楂、毛冬青、五指毛桃、三指毛桃、栀子、半枫荷、野麻甲、过山龙、野黄皮、两面针、金英子。

金银花、野菊花、土茯苓、野柏子、吊灯笼、山棕子、首乌、百合、天冬、苏君子、独脚金、淡竹叶、麦冬、茅草根、石祘、马鞭草、仙鹤草、车前草、艾、半边莲、半支莲、半边旗、叶叶一支花、紫苏、香附、纵蓉、白头翁、溪黄草、田基黄、野慈菇、野荷子、青子、浮萍等。

第三节 野生菌类

红蕈子、松树蕈、鸡肉蕈、茴蕈、灵芝、木耳、香菇、竹荪、蝉花、沙蕈、秆蕈、茶泡等。

第四节 动 物

1. 陆地动物

哺乳动物：豹虎、猫豹、猎豹、野猪、黄猄、狐狸、黄鼠狼、穿山甲、白尾豺、果狸、松鼠、老鼠、土猴、贱鼠等。

爬行类：过山峰、琴蛇、眼镜蛇、青竹蛇、银环蛇、草花蛇、墨蛇、草麻蛇、南蛇、泥蛇、三索线、壁虎等。

昆虫类：黄蜂、黄巢、极巢、灶拐、土狗仔、蟋蟀、蜢（蝗虫）、禾蝦（蚱蜢）、蜜蜂、蚂蚁、蝉蛹等。

2. 水生动物

鱼类：斑魚、赤苏霸、鳝鱼、泥鳅、塘虱、禾稿公、黄亚角、沙沟、螃蜞、黄鱼拐等。

甲壳类节肢动物：虾公仔、虾伯、蟹、蚌、田螺、石螺等。

水中还有掩嘴妹、水鸭妈（水虫）、猫参、水蛭等水生类动物。

3. 两栖动物

蛤蟆、青蛙、甲鱼、蟾蜍、犁头拐、青拐、竹拐等。

4. 飞行动物

鸟类：老鹰、画眉、公雕、鹧鸪、雉鸡、斑鸠、角鸮、猫头鹰、啄木鸟、鸦鹊、乌鸦、白鹇、乌罂精、山鸡、喜鹊、冠翠、火翠鸟、白鹤、白寒、白鹭、雌鸟、水鹤（临鸡仔）、白头翁、百劳子、燕子、麻雀、蝙蝠等。

第五节 地下矿产

小参村地下矿产主要有麻石、青麻石、粉石、英石、白玉石等。

第五章　自然灾害

1. 水灾

（1）1964年6月3—6日连续强降雨4天，造成山洪暴发，导致河坑尾山体滑坡，约30亩松树林被破坏；社下坛山顶山体滑坡，约15亩松树林被破坏；龙井背旁的陈屋及徐屋背山体滑坡，约20亩混合林被破坏。三处山体滑坡未造成房屋损失和人员伤亡。这是有史以来第一次发生如此重大的山体滑坡事件。

（2）2019年6月8—10日连续三天刮风，风力达到六七级并强降雨，造成老围屋倒塌房屋数间（泥砖墙尾），农户提前搬出，未造成人员伤亡。

2. 雪灾

（1）1975年12月27—29日连续三天下大雪，气温为-3℃～4℃，加上是低温阴雨，山上毛竹结冰，40%的毛竹被折断，未造成人员伤亡。

（2）1991年12月7—8日连续下大雪，气温为-3℃～4℃，山上结冰，造成公路沿线高压线及通信电线压断，农户用电中断，通信设备中断，30%的毛竹被雪压倒，未造成人员伤亡。

（3）2002年12月7—8日连续下冰雹，气温为-3℃～4℃，结冰后，山上毛竹被压倒或折断，造成30%的毛竹受损，未造成人员伤亡。

3. 山灾

（1）1951年5月3—5日连续强降雨，河水暴涨，沿河两岸农作物被洪水冲走，50%的农作物受损失，房屋未损，未造成人员伤亡。

（2）1979年12月10—11日连续两天下雪，竹林被大雪压断，高竹被压断或压倒约30%，未造成人员伤亡和房屋损失。

4. 虫灾

1985年春季，细坳地区发生蝗虫灾害，繁殖速度快。仅三四天时间，就造成30%的毛竹受损，未给居民、动物带来病菌危害。

经济

第一章 农 业

第一节 耕 种

因山区土壤贫瘠，农田排灌水不通畅，造成耕种农田积水，产生冷水田多。1958年成立人民公社后，对冷水田进行深挖改土，改善土壤营养，特别是对山坑酸性冷水田采用石灰进行处理，并用草木灰进行追肥，改造了土壤的营养成分，全部冷水田都被改造成良田。并改造处理农田排灌水渠，保障农田耕种水渠排水畅通，改善了农田耕种的土地干湿度。

1. 耕种形式

小参村的农业生产在中华人民共和国成立后大体分为四个阶段：

（1）第一阶段是互助组（1949年10月—1954年12月），农户主要耕种土地改革分得的土地，在自然村内自由组合，三至五户为一组，承包土地耕种。

第二阶段是初级农业合作社（简称初级社）（1955—1960年），小参片为一个初级社，受参前乡管理，李深宏任初级社社长，小参片下辖七个生产小组。

第三阶段是生产大队（1960—1980年），小参村分为七个生产队，受参前大队管理，生产队统一调度人、财、物，开展本队农业生产活动。

第四阶段是经济合作社（1981年至今），小参村分为19个经济合作社，合作社受村委（管区办事处）管理，分田到户，联产承包，责任到户。

2. 耕种选种

（1）传统谷种：粘谷、糯谷。

（2）插稻种、报谷早、三枝香、黄粘里、郑里、八月粘、冬糯、八月糯等。

（3）矮脚南特、珍珠矮、广场矮、窄叶青、中山红、科情、小金早、广陆矮4号、台山糯等。

（4）晚早一号、广解、风选4号、珍汕97、二九矮、选六、广二造二、广二造三、黎明、琼科糯等。

（5）汕优2号、汕优4号、汕优6号、协优64、汕优64、汕优36、汕优46、汕优36幅、威优6号、威优64号、金优99等。

（6）汕优36、汕优36幅、汕优晚三、技优96、技优99、汕优46、汕优4480、金优207、汕优428、丰优428、汕优64、汕优63等。

3. 耕种方法

耙田：

（1）2000年以前均使用传统方式耕种，动力为牛（水牛、黄牛），农具主要是犁耙、辘轴、田铇、锄头、镰刀、箩筐。

（2）2001年起使用机械化耕种，主要是手扶拖拉机，2011年后使用全机械化的小型拖拉机，农具为田铇、锄头、镰刀、箩筐。

李晶亮 摄

机械化耕种（2001年以后）

插秧：

（1）1990年以前人工插秧，使用农具是畚箕、锄头、田铇。

（2）1990年以后人工抛秧，使用农具是塑料盆、木盆、畚箕。

追肥：

（1）1965年以前，使用传统有机肥。如牛粪、人粪、猪粪、土什肥、紫云英、浮萍等。

（2）1966年以后，使用化肥、尿素、过磷酸钙等。2011年以后，农户不再使用传统的追肥耕作。

收割：

（1）1967年以前使用镰刀收割稻谷，肩挑稻谷集中在一起用粘斗人工脱谷，1970

年起经济较好的生产队购买脚踏打禾机脱谷，脱谷后运回禾场晒干进仓。

（2）2001年后多数用电动打禾机收割，仍有部分农户使用脚踏打禾机脱谷，脱谷后运回禾场晒干进仓。

4. 耕种后加工

从农田收割的稻谷要变成进食的大米，要经过一系列复杂的流程：第一步，晒谷，晒干的稻谷要经过风车进行筛选，精谷为食用，秕谷粉碎后喂猪、鸡、鸭。第二步，砻谷，除谷壳。第三步，用簸箕筛选出大米。

（1）1965年以前使用传统的砻谷、水碓加工大米。小参村的稻谷靠四个水碓厂加工（见下表），水碓厂需要24小时生产才能将数百吨稻谷加工成大米。农户要在水碓厂排队等候，既耗时又费劳力。

厂名	业主	地址	面积（平方米）	产品名称
径口水碓场	集体	径口	50	米
陂头下水碓场	集体	陂头下	50	米
瑶下堍水碓场	集体	瑶下堍	50	米
鬼里坑水碓场	集体	鬼里坑	50	米

（2）1967年起使用碾米机加工大米，每台碾米机每小时可加工大米150～200千克（辗米厂情况见下表），从此告别了砻谷加工大米、水碓加工大米等传统办法。

厂名	业主	地址	面积（平方米）	产品名称
街上碾米厂	集体	小参古街	150	米

砻谷

风车

磨

石碓

5. 耕种产量

1970年起为了提高水稻的产量，国家对水稻品种不断改良。1980年对水稻杂优品种改良更快，水稻的产量飞跃提升。1990年莳田改为抛秧，水稻产量有了大幅度提高。

1949年10月—1954年12月（互助组），由于使用传统水稻品种，生产落后，塅田（双造）亩产约350公斤（千克），山坑田（双造）亩产约200公斤。

1955—1960年（初级社管理），对水稻品种有所改良，耕种技术有所改变及提高，塅田（双造）亩产约450公斤，山坑田（双造）亩产约300公斤。

1960—1980年（生产队管理），政府对农耕特别重视，提出选用杂优品种耕种，产量逐年上升。1980年塅田（双造）亩产约700公斤，山坑田（双造）亩产约400公斤。

1981年至今实行家庭联产承包，分田到户的耕种办法。这一办法的实施调动了农户耕种的积极性，自觉实施科学种田，不断使用政府提倡的新品种，塅田（双造）亩产约900公斤，山坑田、山坑畲地回归自然不再耕种。2005年起，塅田（双造）亩产实现超1000公斤，小参村成为“吨谷村”。

小参村夏收作物产量统计表

年份	农作物总面积	一、粮食作物			1. 早稻			其中：杂优			2. 玉米			3. 高粱			4. 粟			5. 其他旱粮			二、黄豆			三、经济作物播种面积	1. 油料作物播种面积
		播种面积	亩产	总产	播种面积	亩产	总产	播种面积	亩产	总产	播种面积	亩产	总产	播种面积	亩产	总产	播种面积	亩产	总产	播种面积	亩产	总产	播种面积	亩产	总产		
1982年					729	228	3849				21	71	15										107	92	98		
1988年	949	817	276	225.3	810	278	225	300	325	98	7	40	0.3										107	40	4.3	5	5
1990年	955	831	296	246	820	298	244	300	325	98	11	150	2										90	50	5	6	6
1995年	962	845	408	344.76	823	415	341.55	750	485	363.75	22	155	3.41										117	55	6.44		
2000年	965	847	502	425.19	824	508	418.59	763	518	395.23	23	160	3.68										118	60	7.08		
2005年	930	810	513	415.53	785	519	407.42	785	525	412.13	25	180	4.5										120	80	9.6		
2015年	815	785	521	408.99	705	525	370.13	705	548	386.34	80	190	15.2										30	200	6		

细坳镇统计员黄玉瑜 提供

6. 分配方式

集体管理阶段：

（1）小参村属余粮区，国家每年下达公粮、余粮上缴任务，先完成上缴国家公余粮任务后，剩下的粮食再分配给农户。

（2）农户分配分全劳力（18～55岁）、半劳力（55～60岁）、无劳力（1～17岁、60岁以上），出勤实行记工评分制，全劳力出勤每天评分分三个档次：8分、9分、10分，标兵为12分，半劳力出勤每天为5分，无劳力不参加出勤。按工分值分配年终产品，无劳力按出勤者平均值的50%计算。这种分配是集体管理阶段时，对农户人口供应的分配办法，统称为口粮公配办法。

（3）1981年实行家庭联产承包，分田到户后，上缴国家公余粮按田亩计算上缴。2006年1月起国家废止上交农业税，让农户自耕自食。2016年起国家又对农民耕种田地进行补贴，鼓励农民耕种。

第二节 林 业

一、林木种植

小参村林地面积约18 900亩，最高山峰海拔约800米，山嶂延伸比较平缓，加上气候温和，阳光充足，雨水充沛，又地处亚热地带，适应各种经济林的自然生长，无需种植和人工追肥，属自然生态林。

二、林木生产

小参村树木林地约9450亩，积蓄木材约1 228 500根，约9450立方米；毛竹（苗竹）林地约9450亩，积蓄苗竹1 134 000根。小参村人自古以来通过“靠山吃山，靠水吃水”来耕耘生态山林，1958年细坳还没开通公路，小参村砍伐的木材、毛竹靠小参河放运至东江，编成竹、木排，水运至老隆（佗城）销售，1968年小参村修了公路，水运改为陆运。

1. 计划经济阶段

1949年，国家一穷二白，物质匮乏，处于极度困难时期，农民温饱成为问题。国家采用计划经济，实行统购统销，有计划地发展生产，解决民生问题。小参村抽出部分壮汉用传统方法生产土纸，上山采割松香出售，砍伐林木加工成柴、炭等出售，以此壮大集体经济，推动农业经济发展。

（1）土纸生产厂生产的东张纸用于学生写字，粗纸作为副食品包装纸，土纸用作日常生活用纸。纸产品生产后由供销社调运至广州等城市销售。小参村土纸厂（集体所有）共11间，年产量67吨，每吨200元，年经济收入13 400元。见下表所示。

厂名	地址	面积（平方米）	产品名称	年产量（吨）
倒流水土纸厂	倒流水	70	东张纸、粗纸、土纸	6
鸭麻坑土纸厂	鸭麻坑	60	东张纸、粗纸、土纸	6
斋庵里土纸厂	斋庵里	60	东张纸、粗纸、土纸	6
老禾坑土纸厂	老禾坑	70	东张纸、粗纸、土纸	6
老朋里土纸厂	老朋里	70	东张纸、粗纸、土纸	6
磨刀坑尾土纸厂	磨刀坑尾	70	东张纸、粗纸、土纸	6
磨刀坑土纸厂	磨刀坑	60	东张纸、粗纸、土纸	6
中园里土纸厂	中远里	60	东张纸、粗纸、土纸	6
鬼里坑土纸厂	鬼里坑	70	东张纸、粗纸、土纸	7
蔗坑里尾土纸厂	蔗坑里尾	70	东张纸、粗纸、土纸	6
蔗坑里土纸厂	蔗坑里	60	东张纸、粗纸、土纸	6
合计	11间	720		67

（2）中华人民共和国成立后，随着经济发展，小参古街传统的小商小贩销售方式逐渐走向现代发展的销售方式，经营模式发生很大变化。国家对农户的产品实行统购统销，指导销售。1956年细坳供销社在小参村设立供销站（早期人员名录见下表），收购农户生产的木制品、竹制品，销售村民日常生活用品及凭票购买的物品。

细坳供销社小参供销站（1956年设立）人员名录

姓名	职务	工作时间（年）	籍贯	备注
周南齐	负责人	1956—1966	和平	
颜春青	负责人	1965—1969	和平	

（续上表）

姓名	职务	工作时间（年）	籍贯	备注
邓亦廷	负责人	1970—1972	车田	
邓国栋	负责人	1973—1974	车田	
余仕开	负责人	1975—1976	老隆	
龚文忠	负责人	1977—1978	郑马	
刘承祖	售货员	1977—1978	岩镇	
曾玉泉	负责人	1979—1982	田心	
温平井	售货员	1979—1982	细坳	
刘国雄	售货员	1979—1982	贝岭	
张开勇	售货员	1979—1982	大埔	
杨杨明	负责人	1982—1986	麻布岗	
张建义	售货员	1982—1986	老隆	

注：1987年体制改革，撤销中心村供销站

（3）小参村的经济林木主要有松树和杉树。松树主要有三种用途：一是采割松香销售，二是做枕木用于铁路铺轨，三是做建筑模板。20世纪50年代初至60年代，松香、枕木、建筑模板需要人工运至细坳木材站被收购。杉树用于建筑房屋地板、门窗等。20世纪60年代末国家建设速度加快，需要大批的木材用于经济建设，而1970年初小参村开通公路，县林业局批准细坳木材站在小参村设立了木材收购站（早期人员名录见下表），小参村的木材可直接在小参村销售。松木每年砍伐200立方米，每立方米售价40元，年收入8000元。杉木每年砍伐120立方米，每立方米售价50元，年收入6000元。

细坳木材站小参收购站人员名录

姓名	性别	工作时间（年）	派出单位	备注
戴庆全	男	1980—1985	细坳木材站	

（续上表）

姓名	性别	工作时间（年）	派出单位	备注
钟禄华	男	1986—1987	细坳木材站	
叶应龙	男	1986—1987	细坳木材站	
罗振文	男	1986—1987	细坳木材站	
黄良基	男	1988—1989	细坳木材站	
唐伟建	男	1988—1990	细坳木材站	
陈小辉	男	1988—1991	细坳木材站	
朱锦祥	男	1992—1993	细坳木材站	
鲁永锋	男	1994—1996	细坳木材站	
李振辉	男	1996—1998	细坳木材站	
杨　力	男	1998—1999	细坳木材站	

注：1999年撤销木材收购站

李培泉　提供

木材堆放场——田心木材堆放场

2. 市场经济阶段

1993年，国家从计划经济管理体制调整为市场经济管理，全面实行市场运作。小参村的竹、木也放开由市场运作经营，个体商贩可直接从小参村收购竹、木，运往全国各地销售。小参村建有锯木厂、筷子厂（见下表）。

小参锯木厂（个体）

厂名	业主	地址	面积（平方米）	产品名称	年产量（立方米）
小参锯木厂	个体	小参街	1000	建筑模板	100

小参筷子厂（个体）

厂名	业主	地址	面积（平方米）	产品名称	年产量（吨）
小参筷子厂	个体	田心	500	筷子	20

三、林木保护

2004年国家对东江源实行水源保护，禁止在东江源辖区范围内砍伐木材，对小参村实行生态林补贴政策。小参村的锯木厂和筷子厂停止运作。龙川县人民政府为加强东江源森林保护，2004年在小参村设立木材检查站（见下表），指导细坳（含小参村）的森林保护工作。

龙川县人民政府细坳木材检查站

姓名	职务	任职时间（年）	派出单位
魏伟忠	站长	2004—2009	龙川县林业局
吴胜东	站长	2010—2014	龙川县林业局
魏振尧	站长	2015至今	龙川县林业局

第二章 商 业

历史上粤赣驿道从小参村穿过，明代在小参设有驿站以接待朝廷任官和邮差，商人和政客常歇脚于小参村，使小参村变成一个过境贸易市场。从明代开始建设街道，至清代建设成一条较完善的长160米、宽5米的商贸街道，开设店铺60多间，有旅馆、伙店、糍粑店、米粄店、豆腐店等食宿餐饮服务设施，还有布匠、药铺、副食、肉食、典当行业，更有服务社会的裁缝、五金、百货、日什、铁业、编织、理发、医药、农具修理店铺；盐米商行、牛行、猪行、鸡行、农耕用具商铺等。农历逢“一、四、七日”为集市日，市场繁荣经济发达，周边居民前往赶集。赶集兴旺于明清、民国时期，有“头老隆，二贝岭，三小参”之美称。古街推动着小参村及周边地文明、进步、发展。随着社会的发展和人口增多，细坳镇及毗邻的下车镇、天花镇相继开市，小参古街逐渐衰落，部分商铺成为民宅。因为小参是个中心村，周边居民习惯到小参交易，小参古街仍有商业氛围。中华人民共和国成立后仍有十几间店铺开业，细坳医院、细坳供销社、细坳林业站分别在小参村开设卫生站、供销分站、林产品收购站等便民服务机构为村民服务。

第三章 农户经济

在计划经济时代，小参村集体经济状况好，主要是“靠山吃山”，小参村森林资源丰富，盛产松树、杉树、毛竹等。国家在小参村设立供销分站，经营收购土纸、竹扁担、竹片、竹席、箩筐等竹制品和杉木床板、木箱、锅盖、办公台、木柴、木凳、木桶、门窗等木制品。林业部门又在小参村设立木材收购站，收购松香、松木（条材）、松树成品、模板、包装用板等。供销分站、林业站每天都有两台以上运输车辆将这些竹木产品运至广东各个经营单位出售。小参村农户卖给供销分站、林业站的销售收入都归生产队集体所有，生产队给农户计工分。生产队除搞农田基本建设、购置生产资料、更新农具开支外，剩余部分纳入年终分配农户作为农民经济收入。1993年开始市场经济后，农户生产积极性提高，农民逐渐从温饱走向富裕，年收入达万元的家庭很普遍，村民开始改变居住环境。小参村从1998年起进行民房改造，到2005年除少数特困农户外，家家户户都建起钢筋混凝土楼房。

早期小参村农户收入来源主要来自以下几个方面：

一、手工技术

（1）理发、裁缝、编织、修理、木匠、珠算师等（有关人员见下表）。

理发匠（技术）人员名录

姓名	性别	出生时间	身份	文化	何种专长	备注
李运来	男	1911年	农民	小学	理发	
李运添	男	1929年	农民	小学	理发	
李锦生	男	1930年	农民	小学	理发	
李顺发	男	1935年	农民	小学	理发	
李达文	男	1945年	职工	小学	理发	国家职工，病退后，在家乡从事理发
李京平	男	1948年	农民	小学	理发	

李京平 提供

裁缝（技术）人员名录

姓名	性别	出生时间	身份	文化	何种专长	备注
李龙汉	男	1931年	职工	小学	裁缝	细坳车衣社退休
李文章	男	1932年	农民	小学	裁缝	
李锦生	男	1932年	农民	小学	裁缝	
李龙文	男	1933年	农民	小学	裁缝	
李文锦	男	1934年	农民	小学	裁缝	
李维照	男	1938年	农民	小学	裁缝	社办企业退职
李中平	男	1952年	农民	中学	裁缝	

李京平 提供

编织（技术）人员名录

姓名	性别	出生时间	身份	文化	何种专长	备注
李良焕	男	1928年	农民	文盲	猪笼、鸡笼	
李明行	男	1928年	农民	文盲	谷筏、织箩	
李锦汉	男	1931年	农民	小学	簸箕、竹筏	
李和星	男	1933年	农民	小学	簸箕、竹筏	
李春常	男	1943年	农民	小学	织箩、畚箕	

李京平 提供

修理（技术）人员名录

姓名	性别	出生时间	身份	文化	何种专长	备注
李维照	男	1938年	农民	小学	农机	社办企业退职

木匠（技术）人员名录

姓名	性别	出生时间	身份	文化	何种专长	备注
李和炎	男	1927年	临职	小学	综合木匠	企业办退休
李和青	男	1928年	农民	小学	综合木匠	
李月文	男	1930年	农民	小学	综合木匠	
李治中	男	1930年	农民	小学	综合木匠	
李开祥	男	1930年	农民	小学	综合木匠	
潘惠群	男	1935年	农民	中学	综合木匠	
李日光	男	1935年	职工	中学	综合木匠	曾在江西共大任职

（续上表）

姓名	性别	出生时间	身份	文化	何种专长	备注
李来茂	男	1935年	农民	小学	综合木匠	
李仁发	男	1936年	农民	小学	综合木匠	
李维全	男	1937年	农民	小学	综合木匠	
李相安	男	1937年	农民	小学	综合木匠	
李维照	男	1938年	农民	小学	综合木匠	社办企业退职
李才焕	男	1939年	农民	小学	综合木匠	
李才城	男	1946年	临职	小学	综合木匠	企业办退职
李发宏	男	1948年	农民	小学	综合木匠	
李才贤	男	1951年	农民	中学	综合木匠	
李维彬	男	1951年	农民	小学	综合木匠	
李中平	男	1952年	农民	中学	综合木匠	社办企业退职
李相华	男	1954年	农民	中学	综合木匠	
李月成	男	1958年	农民	小学	综合木匠	
李运林	男	1960年	农民	小学	综合木匠	

李京平　提供

珠算师（技术）人员名录

姓名	性别	出生时间	身份	文化	何种专长	等级	备注
李敬宗	男	1933年	农民	小学	记账、会计	珠算师	
李赞中	男	1936年	干部	小学	记账、会计	珠算师	县旅游局退休
李来胜	男	1945年	农民	小学	记账、会计	珠算师	

李维东　提供

在计划经济时期，以上手工技术人员副业收入实行承包经营管理办法，每年固定上缴150元至生产队，多余收入为经营者所得。实行市场经济后，全部收入归经营者所得。

（2）屠宰匠、泥水匠、堪舆师等（早期人员见下表）。

屠宰匠（技术）人员名录

姓名	性别	出生时间	身份	文化	何种专长	备注
李四达	男	1925年	农民	小学	屠宰、销售评标	已故
李玉田	男	1937年	农民	小学	屠宰、销售评标	已故
李强华	男	1960年	农民	中学	屠宰、销售评标	
李添有	男	1961年	农民	中学	屠宰、销售评标	

李京平 提供

泥水匠（技术）人员名录

姓名	性别	出生时间	身份	文化	何种专长	备注
李和炎	男	1927年	职工	小学	砌石、砌砖墙	企业办退休
李成杰	男	1928年	职工	小学	砌石、砌砖墙	企业办退休
李月文	男	1930年	农民	小学	砌石、砌砖墙	
李仁发	男	1930年	农民	小学	砌石、砌砖墙	
李治中	男	1930年	农民	小学	砌石、砌砖墙	
李海青	男	1931年	农民	小学	砌石、砌砖墙	
李海中	男	1931年	农民	小学	砌石、砌砖墙	

（续上表）

姓名	性别	出生时间	身份	文化	何种专长	备注
李友中	男	1934年	农民	小学	砌石、砌砖墙	
李和青	男	1937年	农民	小学	砌石、砌砖墙	
李才焕	男	1937年	农民	小学	砌石、砌砖墙	
李来茂	男	1938年	农民	小学	砌石、砌砖墙	
李维全	男	1940年	农民	小学	砌石、砌砖墙	
李成明	男	1943年	农民	小学	砌石、砌砖墙	
李相安	男	1944年	农民	小学	砌石、砌砖墙	
李才城	男	1945年	农民	小学	砌石、砌砖墙	企业办退休
李维浩	男	1950年	农民	小学	砌石、砌砖墙	
李宝华	男	1950年	农民	小学	砌石、砌砖墙	
李万和	男	1951年	农民	小学	砌石、砌砖墙	
李维秋	男	1960年	农民	小学	砌石、砌砖墙	
李春宏	男	1960年	农民	小学	砌石、砌砖墙	
李维锋	男	1961年	农民	小学	砌石、砌砖墙	
李亮平	男	1961年	农民	小学	砌石、砌砖墙	
李桥胜	男	1961年	农民	小学	砌石、砌砖墙	
李万全	男	1965年	农民	小学	砌石、砌砖墙	
李百云	男	1967年	农民	小学	砌石、砌砖墙	

李京平 提供

堪舆师（技术）人员名录

姓名	性别	出生时间	身份	文化	备注
周清	男	1932年	农民		堪舆师
李子安	男	1947年	农民	小学	堪舆师
李才贤	男	1952年	农民	中学	堪舆师
李维彬	男	1952年	农民	中学	堪舆师

李京平 提供

在计划经济时期，以上手工技术人员副业收入实行承包经营办法管理，可按月或按年定额上缴，多余收入归经营者。实行市场经济后，全部收入归经营者所得。

二、喂养家畜、家禽

1. 养猪

在计划经济时期，村民养猪基本由食品站收购，食品站再计价给农户。生猪出栏后由公社食品站统一收购，分配方式是屠宰后的净值“调七留三”，即70%的猪肉调给食品站收购，30%的猪肉及内什（猪心、肝、肺、肠）归养猪户所有。

市场经济时期，农户养猪自行出售，收入全部归农户。

2. 养鸡、养鸭

计划经济时期，农户养家禽，分大家庭（5人以上）、小家庭（5人以下）按规定限养。

实行市场经济后，养家畜、家禽不受限制，农户可根据实际养殖，到农贸市场销售，销售收入全部归农户所有。

三、特产经济收入

1. 蝉花、蝉蛹

小参村处于亚热带地区，阳光充足，雨水充沛，土地湿润，适应毛竹生长。其竹叶落地腐烂后，蝉蛹在竹林地表层蓄养十多年，因被虫草菌感染、寄生，当气候环境适宜时，吸收虫体的营养转化成菌丝体，最终虫体被菌丝体完全占据而只剩下一个躯壳。万物复苏时节，菌丝体又从营养阶段逐渐转化为具有繁殖功能的“蝉花孢子粉”，渐渐从顶端分枝“发芽”，形似花朵，故而称为蝉花。蝉花生长分大年和小年，大年出生量大，小年出生量少。每年芒种时节，村里有30%的村民在竹林地捉蝉蛹、挖蝉花。

早期，蝉蛹收购价格每只0.05元，蝉花收购价格每只0.2元，村民在芒种时节可以通过摘蝉蛹、挖蝉花增加经济收入约200元/年。现今，蝉蛹收购价格每只1.5元，蝉花收购价格每只2.5元，村民每户可增加经济收入5000～6000元/年。

2. 竹笋、笋干

竹笋分冬笋、春笋两种。冬笋在春节前采挖。春节后，春笋长出地面一米左右可采挖，晾晒干后加工成笋干。

早期，农贸市场冬笋销售价格每千克约0.5元，笋干价格每千克约2元。现今，农贸市场冬笋销售价格每千克约12元，笋干价格每千克约100元。

3. 香菇、木耳、灵芝

在计划经济中，很少农户种植香菇、木耳，只能上山采摘，但收成很少。香菇农贸市场销售价格每千克大约4元，木耳销售价格每千克大约1元。

现今，农户用椎树干、枫树干种植香菇、灵芝，用油桐树干种植木耳。香菇农贸市场销售价格每千克大约360元，木耳销售价格每千克大约40元，灵芝每千克大约2000元。

四、外出经营服务业

1978年改革开放后，小参村外出人员大多从事餐饮服务行业，培养出一批小厨、大厨等技术人才。这些外出务工者有部分还在城市购房定居。

烹饪师（技术）人员名录

姓名	性别	出生时间	身份	文化	何种专长	备注
李松旺	男	1918年	农民	中学	粤菜、客家菜	已故
李京平	男	1947年	农民	小学	粤菜、客家菜	在家
李宝华	男	1951年	农民	中学	粤菜、客家菜	

（续上表）

姓名	性别	出生时间	身份	文化	何种专长	备注
李万华	男	1955年	职工	中学	粤菜、客家菜	惠州
李桥胜	男	1961年	农民	中学	客家菜	在家
李友林	男	1965年	农民	中学	粤菜、客家菜	深圳
李伟东	男	1967年	农民	中学	粤菜、客家菜	广州
李德轩	男	1968年	农民	中学	粤菜、客家菜	广州
李百祥	男	1968年	农民	中学	粤菜、客家菜	福建
李艺勇	男	1973年	农民	中学	粤菜、客家菜	重庆
李林洪	男	1973年	农民	中学	粤菜、客家菜	江西
李万坤	男	1974年	农民	中学	粤菜、客家菜	广州
李成胜	男	1974年	农民	中学	粤菜、客家菜	广州
李百添	男	1976年	农民	中学	粤菜、客家菜	
李阳锦	男	1976年	农民	中学	粤菜、客家菜	江西
李学成	男	1977年	农民	中学	粤菜、客家菜	定南
李富强	男	1978年	农民	中学	粤菜、客家菜	定南
李才旺	男	1983年	农民	中学	粤菜、客家菜	在家
李艺团	男	1984年	农民	中学	粤菜、客家菜	
李接美	男	1985年	农民	中学	粤菜、客家菜	江西
李海里	男	1985年	农民	中学	客家菜	在家

李京平 提供

第四章　脱贫攻坚

解决贫困问题，实现脱贫，奔向小康社会是社会主义制度的优越性，党中央国务院以及各级党委政府将其当作社会工作的头等大事来抓，村“两委”认真抓扶贫攻坚、精准扶贫工作，2000年12月经上级验收，实现了脱贫的目标。

一、“扶志”“扶智”补课增知

（1）不断完善文化碑林的建设，在2016年把历史文化、传统文化、现代文化集于一体的文化教育场所进行一次整体修缮，让村民懂历史爱历史，懂文化爱文化，爱家乡爱村民。

（2）2018年，对革命历史旧址实行布展，再现革命历史和革命历史人物的英雄事迹，让村民看得见、摸得着、听得到前辈的革命故事，激励村民不忘初心，牢记使命，爱国家，拥护党，安居乐业，励志奋发向上。

（3）办好图书室、藏书馆，2008年接受县文化局赠书3000册，2014年接受市委宣传部赠书1000册，2015年接受温文斐捐书1000册。现图书室、藏书阁藏书共15 000多册。让村民农忙时节劳动，农闲时看书，关心国家的时事政治和掌握耕种的科学知识。

（4）组织村民代表及党员代表“走出去”参观学习，请农科人员进村授课，提高村民科学耕种知识水平。

（5）2018年新建三个文化体育活动场所。

二、补缺扶贫　精准对位

（1）2015年开通村公路（村道）；

（2）2015年全村实现自来水到户；

（3）2016年实现农户门前安放垃圾箱，垃圾统一运输至垃圾场处理；

（4）2017年村内道路全部安装照明路灯；

（5）2018年村道实现植树绿化；

（6）2019年开通村内至水库防洪公路（林道）；

（7）2019年四户特困户住进钢筋水泥房；

（8）2019年全村农户实现住上水泥楼房及安全住房。

社会事业

第一章　教　育

第一节　办学概述

自明代万历年间从细坳半径村迁到小参村赤岭下定居起，李惟韬便在小参村开设公堂，积累资金办起私塾，免费供周边子弟就学。李惟韬后裔继承先辈品行，坚持为民众办学，到清乾隆三十三年（1768年），广东学政李调元给小参惟韬私塾学校授牌匾“斯文首倡”（现牌匾由李惟韬裔孙细坳大河村李中潘收藏），从此李惟韬私塾更名为“景韬小学”，沿用至民国时期。中华人民共和国成立后更名为参前小学，为公办学校，1955年改名小参小学（1968—1977年附设初中班学制，1977年8月附设初中班撤销后，小参小学为完全小学。2009年9月开始，五六年级学生到细坳小学就读，小参小学为初级小学）。

小参村于1950—1956年开办幼儿园，办园地点设在新屋下，生源来自一、二生产队的子女，马赛明担任辅导员。由于办园经费不足，幼儿园于1957年停办。

1995年起，小参村依附小参小学开办学前班幼儿园，办园经费由学生家长分担，办学地址在小参小学校园内。幼儿园辅导员由学校临聘，生源来自小参村内。2008年，该园改为小参小学学前班，为小参小学提供后备生源。

第二节　办学设施（校园）

第一次教学地点：1950—1964年7月学校设在茶顶山岗上，教学大楼为双层砖木瓦结构，一层设大厅一个，正厅左右各有两间教室，两间教师用房，前后有一米半宽走廊；二楼与一楼结构一致，教学楼前后面建有2000平方米运动场所各一个。厨房距教学楼约80米，公共卫生间与教学楼相距90米，校园前后有绿化，环境优美，学生来自小参村、张田村、再上村、车在畲村。教师由县教育局调配。

因时间久远，无学校全貌存影。

第二次教学地点：因学校在茶顶山岗，学生雨季离校返校十分不便。1965年暑期在茶顶山下高龙湾（今学校位置）新建学校教学大楼及配套用房，教学用房分主楼和附楼。主楼为二层，教室四间，教师用房9间。主楼两边为附楼（平房建筑），各二间教室。教室共八间，厨房、卫生间距教学楼70米，教学楼前建有约3500平方米的运动场。

学校全貌　　李良尧 摄于1995年冬

学生来自小参村、张田村。学校于1968年9月起办附设初中班，生源来自黄龙村、再上村、车在畲村，小学毕业生到小参小学附设初中班上学。1969年9月因校舍不够，初中班搬迁至小参村曾塘自然村。黄龙村与张田村小学毕业生迁到细坳中心小学附设初中班就读。1977年8月撤销小参小学附设初中班。

1999年，因土木结构质量问题，对教学楼进行重建，新建筑为混凝土混合结构，总建筑面积为1000多平方米（见下图）。

石松林 摄于2002年春

2000年重建小参小学全貌

李良昌 提供

首届业余夜校毕业师生合影

李良昌 提供

1986届小三小学毕业师生合影

小参小学除完成正常教学任务外，还三次担负过村扫盲教学任务：1956年3—7月办夜校举办农民补习学习班，1971年3—7月办夜校举办农民补习文化学习班，1986年7—11月举办夜校村民补习文化学习班。

第三节 师 资

1. 历任校长名录

姓名	性别	职务	任职时间（年.月）	籍贯	任职单位
1949—1952年8月失考，无资料记载					参前小学
李海文	男	校长	1952.09—1953.08	小参村	参前小学
李日华	男	校长	1953.09—1954.08	小参村	小参小学
李其佳	男	校长	1954.09—1960.08	贝岭镇	小参小学
马成林	男	校长	1960.09—1965.08	再口村	小三小学
马成驹	男	校长	1965.09—1968.08	再口村	小三小学
李才胜	男	主任	1968.09—1969.08	小参村	小三小学 附设初中学校

（续上表）

姓名	性别	职务	任职时间（年.月）	籍贯	任职单位
李银章	男	主任	1969.09—1971.08	大河村	小三小学附设初中学校
杨树优	男	主任	1971.09—1978.08	黄花村	小三小学附设初中学校、小三小学
吴德旋	男	校长	1978.09—1980.08	张田村	小三小学
卢中坚	男	校长	1980.09—1982.08	联平村	小三小学
谢继强	男	校长	1982.09—1984.08	龙母镇	小三小学
刘观皆	男	校长	1984.09—1985.08	半径村	小三小学
李才胜	男	校长	1985.09—1995.08	小参村	小三小学
李继成	男	校长	1995.09—1996.08	小参村	小三小学
李万波	男	校长	1996.09—1999.08	小参村	小三小学
刘海源	男	校长	1999.09—2002.08	龙塘村	小三小学
傅东红	男	校长	2002.09—2005.08	细坳村	小三小学
李继成	男	校长	2005.09—2012.08	小参村	小三小学
刘金城	男	校长	2012.09—2016.08	永安村	小参小学
杨日康	男	校长	2016.09至今	楠木村	小参小学

2. 历任教员名录

姓名	性别	职务	籍贯	文化程度	备注
陈春兰	男	教员	车田	广东老隆师范学校	
陈生香	男	教员	黄龙	中师毕业	
邓世腾	男	教员	车田	广东老隆师范学校	

（续上表）

姓名	性别	职务	籍贯	文化程度	备注
李良垂	男	教员	半径	广东老隆师范学校	
李良英	男	教员	小参	中专	1975年调细坳中学任教
李良昌	男	教员	小参	中学	
李良友	男	教员	小参	中师函授	
李日华	男	教员	小参	中专	1975年调细坳中学任教
杨继晴	男	教员	贝岭	广东老隆师范学校	1976年调县检察院工作
李光大	男	教员	小参	大专函授	1979年调县劳动服务公司工作
李学贤	男	教员	小参	广东老隆师范学校	1981年调细坳中学任教
李仰贤	男	教员	小参	中专	
梁丽旋	女	教员	梅县	中专	
廖婉珍	女	教员	老隆	广东老隆师范学校	
李作连	男	教员	小参	中专函授	
李贤文	男	教员	小参	大专函授	
李运良	男	教员	小参	广东老隆师范学校	1990年调镇教办工作
郑龙章	男	教员	通衢	广东老隆师范学校	
李志锋	男	教员	小参	大专函授	
吴德旋	男	教员	张田	中学	
李仲英	女	教员	小参	大专函授	1991年调细坳中心小学任教

（续上表）

姓名	性别	职务	籍贯	文化程度	备注
李培泉	男	教员	小参	中专函授	
杨传建	男	教员	优富	中专函授	
杨雪萍	女	教员	细坳街	大专函授	
杨满娇	女	教员	半径	大专函授	
李海英	女	教员	小参	大专函授	2002年调细坳镇工作
李育英	女	教员	小参	本科函授	调县城小学任教
陈雪梅	女	教员	黄龙	大专	调贝岭中学任教
刘彩平	男	教员	黄龙	中专函授	调细坳中学任教
吴德伟	男	教员	张田	中学	1974年调细坳镇政府工作
卢悦良	男	教员	联平	中师	
李和京	男	教员	贝岭	中师	
李艺雪	女	教员	小参	大专函授	
付坤伟	男	教员	细坳	中专函授	
李银波	女	教员	小参	大专	调贝岭中学任教
李治贤	男	教员	半径	中师函授	
杨圣远	男	教员	黄花	中师函授	
李志成	男	教员	小参	中专函授	
刘育军	男	教员	龙塘	中师函授	
卢春生	男	教员	贵湖	大专函授	
刘荣栈	男	教员	黄龙	中师函授	

（续上表）

姓名	性别	职务	籍贯	文化程度	备注
李新平	男	民办教师	小参	中学	1980年后下海经商
李雪梅	女	代课	小参	中学	
吴国新	男	代课	张田	中学	
林巧明	男	教员	硝沙水	隆师	后调细坳中学退休
李仕伟	男	教员	大河	大专	1995年后调细坳镇政府工作
李洪亮	男	教员	半径	大专	1993年后调县法庭
李　洪	男	教员	大河	大专	1983年后转行深圳律师
周序萍	女	教员	张田	大专	
付慧萍	女	教员	爱群村	大专	下岗经商
李雪花	女	教员		大专函授	转行医生
李万红	女	教员	再上	中专	
杨明镜	男	教员	楠木	中学	
周沐万	男	教员	张田	中学	
李良标	男	教员	小参	中学	
李万来	男	教员	小参	中学	
刘昌森	男	教员	月光正	中学	
王炳坤	男	教员	鹤市镇	中学	
刘桂林	男	教员	半径	中学	
李树英	女	教员	小参	中师函授	

（续上表）

姓名	性别	职务	籍贯	文化程度	备注
刘　宏	男	教员	贵湖	大专函授	调永安
刘洁祥	男	教员	龙塘	隆师	
石成峰	男	教员	月光正	隆师	
吴佑光	男	副校长	张田	中师	
吴海胜	男	教员	张田	中师	
吴　淦	男	教员	张田	中师	
石宝珍	女	教员	月光正	大专函授	
杨红娣	女	教员	黄花	大专函授	
杨经伦	男	教员	黄花	隆师	调细中
刘　磷	男	教员	车在畬	中师函授	
李满全	男	教员	再上	中师函授	
杨永营	男	教员	月光正	大专函授	后调麻布岗中学
刘运礼	男	教员	鹤市	隆师	
王日润	男	教员	麻布岗	隆师	
黄春丽	女	教员	黄布镇	隆师	
李国贤	男	代课	小参	中学	后调龙川氮肥厂
李晖荣	男	代课	小参	中学	
李晶亮	男	民办	小参	中学	
刘继成	男	教员	车在畬	中学	
卢群英	女	代课	联平村	中学	

注：以上教员排名不分先后，因时间久远，调出时间未作表述。

3. 历任幼教老师（学前教育）名录

姓名	性别	职务	籍贯	文化程度	备注
马赛明	女	幼教	揭阳	小学	
邹菊英	女	幼教	小参	中专	
杨丽佳	女	幼教	贝岭	中学	
刘丽云	女	幼教	小参	中学	
徐育红	女	幼教	小参	中学	
刘小妹	女	幼教	小参	中学	
杨丽琼	女	幼教	小参	中学	
李丽萍	女	幼教	小参	中学	
梁桂英	女	幼教	小参	中学	
刘三妹	女	镇代课	黄龙	中学	

注：以上教员排名不分先后，因时间久远，调出时间未作表述。

第四节　书香之家

上级党委政府把校舍、师资都优先安排给小参小学。在小参小学就读（附中）毕业，继续深造升学后走向社会人才众多，从军任营职军官有李德初（军医）、周锦兰、陈明灿、彭国欣、李爱东，连职有周序发，排职有李满妹等；主治医师以上的有李海成、李镜成、李锦尧、李建明、李万周等；党政任副处级以上职务的有李振昌、李德标、李光大、李玉兰、李志文、李志坚等，任科、股级干部数十人，企业（含民企）名人一批。

（一）李海文家庭

姓名	关系	性别	文化程度	工作单位	职务	职称	备注
李海文	—	男	私塾	小参小学	校长	小教	退职
李海州	兄弟	男	中师	细坳小学	教员	小学高级	退休
李学贤	父子	男	中师	细坳中学	教员	中学一级	退休
李小玲	爷孙	女	大学本科	县实验中学	教员	中学一级	在岗

（二）李见贤家庭

姓名	关系	性别	文化程度	工作单位	职务	职称	备注
李见贤	—	男	大学	中山大学	系主任（副厅级）	教授	离休
李桂添	夫妻	女	大学	中大附中	教员	中教	退休
张惠明	翁媳	女	大学	市九中	教员	中高	退休
黄晓虹	爷孙	女	大学	市二十中	教员	中高	在岗

（三）李才胜家庭

姓名	关系	性别	文化程度	工作单位	职务	职称	备注
李才胜	—	男	中学	小参小学	校长	小学一级	退休
李良昌	叔侄	男	中学	小参小学	教员	小学二级	转行
李良友	父子	男	中师函授	半径小学	教员	小学高级	在岗
李仲英	翁媳	女	大专函授	细坳小学	教员	小学高级	在岗
李姝媛	侄孙女	女	大学本科	深圳福田梅丽小学	教员	小学中级	在岗
李华敏	爷孙	女	大学本科	东莞市东华医院	护理师	中级	在岗

（四）李发先家庭

姓名	关系	性别	文化程度	工作单位	职务	职称	备注
李发先	—	男	大专	贝岭中学	副校长		已故
李运良	父子	男	中师	细坳镇教办	教研员	小学高级	退休
邹菊英	翁媳	女	中专	县侨办	办事员		退休
杨满娇	翁媳	女	大专	细坳中心小学	教员	小学高级	在岗
李　明	爷孙	男	大学本科	惠州七中	总务主任	中学高级	在岗
李小焱	爷孙	男	大专	广东中弘建筑公司	管理负责人		在岗
李　慧	爷孙	女	大学本科	县中医院	科室主任	主任医师	在岗
李　泓	爷孙	女	大学本科	广州海关	办公室负责人		在岗
李志翔	爷孙	男	大学本科	深圳移动公司	副董事长		在岗
李立浩	爷孙	男	大学本科	中国移动通讯集团	办公室主任		在岗
邹蓉杏	孙媳	女	大学本科	河源市第二中学	教员	中学二级	在岗
李婷	爷孙	女	大专	县中医院	护理师		在岗
何丽冰	孙媳	女	大学本科	深圳前海人寿幸福之家	负责人		在岗

（五）李月华家庭

姓名	关系	性别	文化程度	工作单位	职务	职称	备注
李日华	—	男	中学	细坳中学	教员	小学高级	已故
李育英	父女	女	大专函授	老隆三小	教员	小学高级	在岗
李树英	父女	女	中师函授	细坳小学	教员	小学高级	退休

（六）李火腾家庭

姓名	关系	性别	文化程度	工作单位	职务	职称	备注
李火腾	—	男	农民	无	无	无	已故
李新平	父子	男	中学	小参小学	教员	小教	退休
李莉芬	爷孙	女	本科	龙川金安中学	教员	中学一级	在岗
李晓莹	爷孙	女	本科	深圳	教员	中学一级	在岗
李红梅	爷孙	女	本科	深圳南山	教员	小学高级	在岗
李彩云	爷孙	女	本科	深圳宝安	教员	小学高级	在岗

（七）李博宏家庭

姓名	关系	性别	文化程度	工作单位	职务	职称	备注
李博宏	—	男	中学	细坳公社放映员			
李艺东	父子	男	自考本科	河源职业技术学院	馆员	中级	在岗
邹联芳	翁媳	女	华南师范大学（本科）	河源职业技术学院	副教授	副教授	在岗
李艺雪	父女	女	大专函授	细坳中心小学	教员	小学高级	在岗

（八）李火坤家庭

姓名	关系	性别	文化程度	工作单位	职务	职称	备注
李火坤	—	男	小学	无	无	无	已故
李良英	父子	男	中学	细坳中学	教员	中学一级	已故
李志成	爷孙	男	中专函授	张田小学	教员	小学高级	在岗
李仕娣	爷孙	女	中师	岩镇中学	教员	中学一级	在岗
李丽梅	爷孙	女	广东医学院（本科）	顺德医院	医生	中级	在岗
李惠兰	爷孙	女	广东药学院（本科）	顺德医院	药剂师	中级	在岗

第二章 卫生医疗

第一节 卫生站概述

李长青 提供

1986年小三管理区卫生站办公地址

中华人民共和国成立之初，细坳分三个片设立三个乡级政府（半径乡、大平乡、参前乡），由贝岭区公所管辖。参前乡辖车在畲、再上、张田等自然村，参前乡政府设在小参村古街。1950年1月设立贝岭区参前卫生站，医务人员由贝岭区卫生院派出人员常驻，是贝岭区医院分支机构。1956年参前大队成立细坳公社参前卫生站，为细坳公社卫生院分支医务机构，负责小参、张田两村医疗服务。1968年起小参村设立合作医疗站（村办）。1986年细坳卫生院撤销派出的各个中心村卫生站。1993年小参合作医疗站改为小参医疗卫生站。

李长青 提供

小三村医疗站办公地址

李维东 摄
小参村卫生站办公地址

第二节　医疗机构人员

1. 小参（含参前乡、参前大队）医务人员名录

姓名	性别	职务	任职时间（年）	籍贯	任职单位
刘育轩	男	医生	1950—1952	龙塘	参前乡卫生站
李茂成	男	医生	1953—1955	贝岭	小三大队卫生站
黄　芪	男	医生	1956—1960	通衢	小三大队卫生站
吴亦华	男	医生	1962—1963	廻龙	小三大队卫生站
马成舜	男	医生	1964—1965	贝岭	小三大队卫生站
袁学梅	男	医生	1964—1967	黄花村	小三大队卫生站
马罗洪	男	医生	1965—1966	贝岭	小三大队卫生站

（续上表）

姓名	性别	职务	任职时间（年）	籍贯	任职单位
邬云英	女	医生	1967—1968	大埔	小三大队卫生站
马成舜	男	医生	1969—1979	贝岭	小三大队卫生站
李锦尧	男	医生	1980—1986	小参村	小三管理区卫生站

2. 小参村赤脚医生名录

姓名	性别	职务	任职时间（年）	籍贯	任职单位
李新发	男	村医	1964—1978	小参村	小三大队
李玉凤	女	村医	1968—1978	小参村	小三大队
李务连	女	村医	1970—1975	小参村	小三大队
李长青	男	村医	1973—2002	小参村	小三大队
李惠英	女	村医	1976—1983	小参村	小三大队
李良娇	女	村医	1990—2014	小参村	小三大队
李金标	男	村医	1993—2002	小参村	小三大队
李伟平	男	村医	1999—2007	小参村	小三大队
李仕英	女	村医	2003—2007	小参村	小三大队
李剑锋	男	村医	2008—2020	小参村	小参村

3. 小参村接生员名录

姓名	性别	职务	任职时间（年. 月）	籍贯	任职单位
刘月秀	女	接生员	1949. 10—1978	小参村	小参村

（续上表）

姓名	性别	职务	任职时间（年.月）	籍贯	任职单位
卢球娣	女	接生员	1958.09—1977	小参村	小参村
卢来英	女	接生员	1960—1970	小参村	小参村
徐贱凤	女	接生员	1963—1975	小参村	小参村
李玉凤	女	接生员	1968—1980	小参村	小参村
李务连	女	接生员	1970—1978	小参村	小参村

第三节　杏林之家

（一）李长青家庭

姓名	关系	性别	文化程度	从医单位	职务	职称	备注
李长青	—	男	中专	江西定南县第二人民医院	中草药医生		
李仕英	夫妻	女	中学	小参村卫生站	中西药剂员		
李良勇	父子	男	大专	江西定南县第二人民医院	医生		

（二）李月彩家庭

姓名	关系	性别	文化程度	从医单位	职务	职称	备注
李月彩	—	男	私塾	贝岭卫生院	医生		退休
李玉筹	父子	男	中专函授	细坳卫生院	X光技师		退休
袁梅芳	翁媳	女	中专函授	细坳卫生院	中西药剂员		退休
李少燕	爷孙	女	卫校毕业	细坳卫生院	护士		在岗

（三）李火腾家庭

姓名	关系	性别	文化程度	从医单位	职务	职称	备注
李火腾	—	男	农民				
李锦尧	父子	男	中专	龙川县爱卫办	主任、中医师		
刘金娥	翁媳	女	中学	细坳卫生院	药剂员		
李伟平	爷孙	男	中学	小参村卫生站	村医		
李剑锋	爷孙	男	中学	小参村卫生站	村医		
杨秀梅	翁媳	女	中学	细坳卫生院	药剂员		李寿平妻

第三章　基础设施

第一节　水　利

小参村四面环山，林木茂盛，风调雨顺，旱涝保收，很重要的因素是有史以来都重视水利建设。从明初起，小参河在村中经过长5000米的河道落差中（落差约40米），建有5座拦河坝（水坝），第一座水坝高约4米，坐落在鬼里坑；第二座高约2米，坐落在田心；第三座高约5米，坐落在沙下潭；第四座高约5米，坐落在鸭嫲坑；第五座高约4米，坐落在拱桥头。拦河坝不但起着拦河水灌溉的作用，更重要的是保护农田不会水土流失，保护小河两岸的农田。1956—1958年先后在斋庵里建一座高5米，容水量约1万立方米的山塘；在卓水坑里建一座高4米，容水量0.5万立方米的山塘；在曾塘建一座高约7米，容水量1万立方米的山塘。1972年在村尾甲水里开建一座小型水库，坝高25米，坝底宽125米，坝堤面宽6米，坝堤长90米，水面延伸长300米，集雨面积2.14平方千米，容水量39万立方米，主坝坝型为均质土坝，泄洪形式为等宽开敞式。该水库于1976年竣工并投入使用，不仅使小参村免遭洪灾，而且使毗邻的张田村居民房屋和农田都得到保护。

第二节　交　通

1949年以前，小参村有一条陆路驿道在村中经过。小参河流入东江上游，可随东江往南，进入贝岭、龙川、河源及惠州、广州等地。那时的小参村水陆交通便利。1949年10月起，经济开始复苏，交通格局发生了变化。从细坳至龙川县城没有通公路，须步行2天到县城。1958年细坳至贝岭公路开通后，从细坳乘车至龙川县城须8个多小时的车程。

1964年小参至细坳村道开通，可通运输车辆。1972—2019年小参至细坳公路为县道。1980年江西定南县开通与小参接轨的县道公路。2008年细坳至小参公路铺设水泥路面，小参至细坳公路两旁进行优化、绿化。2018年该县道安装路灯照明。2020年1月起小参至细坳、贝岭、麻布岗公路升级为省道，可直接与麻布岗国道接轨。

2000年开通田心屋至张田村公路，2008年铺设水泥路面。2014年中共中央重视农村发展建设，小参环村公路开通，村道铺设水泥路面。2018年对村道进行全面改造，村道实行绿化、美化、亮化建设。现小参到细坳只须15分钟的车程，至龙川县城只须2个小时车程，至定南县城只须半个小时，去河源市区、龙川县城办事当天均可往返。

第三节　供　电

小参村用电经历了从无到有，从有到好，从好到优几个阶段。第一阶段是社办电厂供电，第二阶段是村办水电站供电，第三阶段是依附外村电站供电，第四阶段是国家电网供电。

第一阶段：细坳公社于1964年冬在三端峰建起一座10万千瓦水力发电站，按当时街道用电2万千瓦时、全公社农户照明使用5～10瓦灯泡计算，全镇15 000人口3000个家庭有8万千瓦时就够用，社办企业电站足可以供电。小参村是一个自然村，为一个大队，集体经济较好，是首个从细坳街架设高压线送电至村的村落。220伏电压经过低压线路送至农户家时就降到180伏，照明效果还算可以。数年后，其他村也接上社办电厂用电，只能使用110伏电灯泡照明。

第二阶段：1976年春，小参村在木桥头建成40千瓦水电发电站，将小参鸭嫲坑水坝加高1米，开渠（渠深1.5米，宽2米）引水1千米至木桥头储水发电。随着农户家用电器增多，用电量不断增大，发电站发电量远远不能满足群众生活提升的需求，发电站于1986年初关闭。

第三阶段：1986年冬小参改用张田村电厂供电，使用约七年。由于该村农户用电量增大，无法供应外村，小参村用电另找门路。

第四阶段：1993年小参村使用麻布岗电网用电。但由于县级电网在用电高峰时，经常对乡村用电关闸，农户还是没有用上放心电。2004年南方电网成立，农户使用南方电网供电，用电得到保障，特别是2010年起政府对农网用电进行全面改造，农村用电难问题彻底得到解决。

第四节　通　信

小参村人在这古村庄居住了数百年，古代官府邮差为传达朝廷的旨令在这里经过。中华人民共和国成立后，小参村的通信业经过三个阶段的变化。第一阶段是政府邮差送递，第二阶段是电话，第三阶段是无线电传输。

第一阶段：1950年后，邮递员送件至村，每三天一次，从细坳街步行送递报纸、信件、电报到村里。1965年开通土泥路，邮递员骑自行车送报纸、信件、电报，配送次数一天一次。2003年邮电改革，报纸、信件、电报由代办员分发。

第二阶段：电话通信。中华人民共和国成立初期至1987年小参村只有一部电话，村电话只限公务使用。1988年，小参村有10部家庭电话。

2000年，小参村设立通讯程控中转站，小参村农户逐渐安装家用电话，有20%的家庭使用电话通信。2008年后80%家庭使用上电话。

第三阶段：使用移动电话。2010年起中国移动公司在小参村设移动发射台，小参人多数使用移动电话，可在家里上网聊天及购物。

第四章　人民生活

改革开放之前，国家物质匮乏，吃饱穿暖是村民的奢望。党的十一届三中全会以后，党和政府从农村开始进行改革，实行家庭联产承包责任制，使农民生产积极性得到调动，农村经济得到发展。中国共产党第十四届全国代表大会以后，国家建立的市场经济和推行富民的“三农”政策，使乡村经济加速发展，村民的生活一天比一天好。

一、食品

1. 粮食

小参是山区村，虽然可耕种土地面积人均一亩多，但耕种收成产量低，主粮不够，要靠番薯、玉米等副粮补充。20世纪70年代后，由于农业技术革新、品种的改良、农业机械化的推广使用，粮食产量大幅增加，每家每户的粮食除能自给外还有余粮。

2. 副食品

1983年起，小参村有二案（二头猪肉）、四桌豆腐销售，村民可不出村就能购买鲜肉、豆腐进餐。2000年后外出务工人员增多，村中常住村民减少，但小参村仍保持有二案（一头猪）猪肉和二桌豆腐的销售。小参村有三间商店供应村民日常生活用，如油、盐、酱、醋、茶、面制品等。

二、生活设施

1. 道路

1968年县道公路开通，2020年省道在村中经过，村内环村硬底化公路户户通，到河源市、赣州市、龙川县城办事可当天来回。到定南县城来回1个小时，到细坳街（镇购物所在地）半个小时可返回。实现出村有公路。

2. 供水

2008年起，政府加大对农村的支持力度，对农村饮用水实行统一管理，投资建设4座水塔，全村380户农民家庭全部装上自来水。

3. 供电

1966年以前，农村晚上照明用煤油灯，因煤油供应紧缺需要凭票供应，一般家庭有二盏，大户人家有三盏，小户人家只有一盏，困难家庭则点燃竹片进行照明。1964年下半年开通细坳公社三端峰电站供电，开启用电照明时代。因线路长，电压不够。1976年，村办小水电站发电供电，缓解当时电压不足的问题。随着农户用电设备的增多，村办小水电站发电量已不能满足需求。1986年后，先后改用张田村电厂、麻布岗电网供电，但用电高峰期仍无保障。2004年使用南方电网供电，实现全部农户用电正常化。

4. 通讯网络

小参村在1995年设立电话通讯中转站，2010年安装移动通讯发射塔，通讯网络覆盖全村每个角落，村民足不出户即可与外界通话、视频，实现通信网络化。

5. 住宅

中华人民共和国成立前，多数村民是以宗亲方式群居，建造上七下七、上五下五、上三下三等泥墙混合土双层木瓦结构方屋居住。中华人民共和国成立初期至改革开放前，房屋建造规模渐小，以上三下三、合掌屋泥墙混合土双层木瓦结构方屋居多。改革开放后，逐渐有单门独院的钢筋混凝土结构楼房。2020年，村民绝大部分都住上了钢筋混凝土结构楼房，少数富裕村民住上了别墅式楼房。

6. 家庭用具

1995年起有部分村民用上电视机、电风扇、电饭煲、洗衣机。2000年后村民基本上有电冰箱、电热水器、太阳能热水器、消毒柜等电器。2010年后20%的村民装上空调。2020年，村民普遍有摩托车，20%的村民有小汽车。农村和城市家庭已无多大差别。

三、医疗卫生

1. 医疗

1950—1986年，公社（镇）卫生院在村设有卫生医疗站。1966年起村里建立合作医疗站，村民看病方便，达到小病、常见病不用出村。2010年起农村实行全民医疗保险，村民按人口定额缴交医疗保险费，患病住院按标准报销70%～90%不等的费用，解决村民就医费用负担重问题。

2. 卫生

公共卫生实行村委统一管理，村道、公共活动场所（文化广场）、建设广场、纪念广场设置垃圾桶，由专职卫生人员每周一清扫，将垃圾集中指定位置焚烧或填埋。从2008年起100%的村民家庭厕所实行三级化粪池排放处理。2012年小参村被广东省爱国卫生运动委员会评为“广东省卫生村”。

四、特困户生活保障

特困户是指家庭中有因伤残导致生活无法自理、先天智障、后天弱智、单身老人等无劳动能力造成生活标准低于普通人群的人员家庭，小参村有七户特困户。近十多年来，政府特别关心特困户，除扶助特困户建房、安装水电、电视等外，还给予他们一定的补助，使特困户日常生活有了保障。

文化

第一章 文化建设

小参村是文化名村，历代崇文重教，重视文化教育，自明代末年李惟韬利用公堂积累的资金办私塾起，培养了一批批学子，服务于历朝历代的社会建设，名扬粤赣两省。清朝中期，广东学政李调元闻知小参李惟韬办私塾，免费供周边地区学子就读之举，特授予李惟韬“斯文首倡”牌匾，清政府将私塾定为国立“景韬小学”，继续供周边地区学子就读。由于景韬小学校舍不足，小参村先后建立三间私塾（书廊），地址分别在龙井老屋旁、坑背老屋旁、老围屋旁。虽时过境迁，至今人们走到书廊旧址，都会想起上辈传讲的那三间书廊。小参景韬小学的校名一直沿用到民国时期，到中华人民共和国成立后才改名为小参小学。

第一节 小参形象雕塑标志

一、象征村形雕塑

前面讲过五马归槽，是指有五座山头平缓地往小参村所在的小盆地延伸，最终归落在小参村，相传小参村是五马归槽的风水宝地，小参村人把它当作一种自然地理文化，雕刻了一座五匹骏马作为本村的地理文化形象标志，增加了该地的地理文化品位。

李国贤 摄

五马归槽雕塑

二、纪念客家先民开居雕塑

2010年在村中建造一座黄牛雕像，纪念自宋淳祐六年（1246年）以来在小参村开荒拓土的十三姓先民。先民在这片山区土地上劳苦耕作留下数十万亩原生态林及数千亩农田，后人仍像老黄牛一样，勤耕苦作。

李维东 摄

牛雕塑

三、客家村庄标志

小参村人根在中原，和千万客家人一样都是中原人的后裔。因北方战事频繁，白、缪、陈、徐、唐等姓氏先民由赣州方向逃难至小参（当时无名，称小山村）拓土开基。小参村李姓祖先李火德于南宋时期在福建上杭稔田开基，到第十一代裔孙李仕诚携子文兴从福建上杭迁至江西赣州龙南象塘堡，然后再迁至定南白石下（现兴隆）村，后又迁至小参村赤岭下，居住一段时间后又迁至半径中村。不久，李仕诚长孙李惟韬携带子孙到小参西坑开基，至今其子孙仍居住在小参村。李仕诚次孙李惟昌裔孙李仕儒从半径迁至小参旗形开基，李仕诚三孙李惟贵裔孙李仕仁也从半径迁小参径口开基，现居住在小参村的人口均是李仕诚的后代。李仕诚先在小参村开

李维东 摄

酒壶雕塑

基，后又搬迁，但其后辈又搬回小参村居住，几处搬迁几多愁。搬迁只改变居住环境，但中原人那种豪爽、勇敢、大气、憨厚、好客的性格，以及南宋战乱时期迁徙南方锤炼出的一种勤奋、拼搏、包容、好客的客家精神，小参人并没有改变。

小参人接待宾客的最高规格就是请喝一碗客家娘酒，盛酒的壶是用锡制作的，碗是用白泥烧制的，酒是用自家耕作的糯米酿制的，这种酒称为客家娘酒。为了使后人传承这一客家人的待客礼仪，2010年村中建造了一座酒壶及瓷碗雕塑，让客人进村不用开口问，就知道这是典型的客家村。

第二节　文化碑林

李维东 摄

小参文化碑林公园

2005年3月在小参村沙下潭河道湾处开工建文化碑林。河道湾处是沙下潭的滩涂，此前湾处是先民在明初建的两座祈福庙宇，其中一座是五谷祖（炎帝庙），另一座叫社观庙。五谷祖是中华民族的五谷神农大帝（神农氏）。南方各地很多村庄信奉五谷祖，在每年开春时节，村民会前去祈福保佑全年风调雨顺、丰衣足食，年末（即春节前）去还愿全年如意，继续祈福来年事事顺意。粤赣两省农村大多有社观庙，村民在立春那天、

黄振周 摄

小参文化碑林公园一角

冬至时节都会去祭拜祈福。此两座庙宇之间有约3千平方米的滩涂，小参文化碑林就坐落在该滩涂上。小参村历史及文化名人、政要赞颂小参的诗句和题词均镌刻在碑上，作为一种文化记忆潜移默化地激励小参村后人努力向上。现文化碑林已成为旅游、观光、学习的景点。

小参文化碑林公园一角 黄振周 摄

李维东 摄

2010年文化碑林被河源市文化广电新闻出版局列为“文化保护单位”

吴良先 摄

小参文化碑林公园一角

第三节　文艺队

小参村文化活动形式很多，文化艺人云集，文化活动特别活跃。这是由于小参村特殊的地理位置形成的。它处在粤赣边境，婚姻嫁娶融入粤赣两省客家人文化精髓。20世纪的生产队集体劳动耕种时，田间地头经常可听到一群群青年男女对唱采茶山歌，真是“一曲山歌解忧愁”。

一、舞龙舞狮队

村里有舞龙队、舞狮队、乐器队，每逢春节、元旦、国庆、元宵等重大节日都会举行各种活动增加节日气氛。春节期间，从初一到初八，舞龙队（香火龙）都在村内挨家挨户舞香火龙，每到一户，锣鼓喧天、鞭炮震天，受到村民的热烈欢迎。元旦、元宵、国庆节，村民聚集在学校广场观看舞狮、乐器队表演。

村民逢红事（婚姻嫁娶、做寿）、白事（老人去世办丧），舞狮队、乐器队免费上门为村民办事，村民称舞狮队、乐器队是自家人，实实在在的自家人。

舞龙（香火龙）队人员名录

姓名	性别	出生时间	身份	文化	何种特长	备注
李成中	男	1910年	农民	小学	舞龙	
李锦生	男	1927年	农民	小学	舞龙	
李龙文	男	1928年	农民	小学	舞龙	
李祥添	男	1929年	农民	小学	锣鼓	
李连华	男	1930年	农民	小学	舞龙	
李桥生	男	1930年	农民	小学	舞龙	
李观金	男	1930年	农民	小学	舞龙	
李玉田	男	1935年	农民	小学	舞龙	
李维贤	男	1935年	农民	小学	锣鼓	企业办退职

（续上表）

姓名	性别	出生时间	身份	文化	何种特长	备注
李培华	男	1935年	农民	小学	锣鼓	
李维平	男	1953年	农民	中学	舞龙	
李仁华	男	1954年	农民	中学	舞龙	
李春宏	男	1960年	农民	小学	舞龙	
李佳裕	男	1960年	农民	小学	锣鼓	
李石泉	男	1961年	农民	中学	舞龙	
李文英	男	1962年	农民	中学	舞龙	
李添有	男	1965年	农民	中学	舞龙	
李新亮	男	1967年	农民	中学	舞龙	
李高升	男	1968年	农民	中学	舞龙	
李有才	男	1968年	农民	中学	舞龙	

李京平　提供

舞狮队人员名录

姓名	性别	出生时间	身份	文化	何种特长	备注
李良才	男	1927年	退休	小学	舞狮	
李锦生	男	1928年	农民	小学	舞狮	
李祥添	男	1930年	农民	小学	舞狮	
李观金	男	1930年	农民	小学	舞狮	
李成州	男	1930年	农民	小学	舞狮	
李良禄	男	1931年	农民	小学	舞狮	

（续上表）

姓名	性别	出生时间	身份	文化	何种特长	备注
李仁华	男	1954年	农民	中学	舞狮	
李维秋	男	1959年	农民	中学	舞狮	
李春宏	男	1960年	农民	中学	舞狮	
李文英	男	1963年	农民	中学	舞狮	

李国贤　提供

乐器队人员名录

姓名	性别	出生时间	身份	文化	何种特长	备注
李良田	男	1935年	农民	小学	秦琴、二胡	
李顺富	男	1935年	农民	小学	秦琴、二胡、唢呐	
李博宏	男	1938年	农民	中学	秦琴、二胡、唢呐	企业办退职
李石金	男	1938年	农民	小学	秦琴	
李维照	男	1938年	农民	小学	二胡、唢呐	企业办退职
李福全	男	1943年	农民	小学	笛子	
李京平	男	1947年	农民	小学	二胡、唢呐	
李爱林	男	1951年	农民	中学	秦琴、二胡	
李才贤	男	1952年	农民	中学	二胡	
李玉照	男	1952年	农民	中学	二胡	
李国贤	男	1955年	农民	中学	秦琴、二胡	
李新平	男	1955年	农民	中学	二胡	

李国贤　提供

乐器队部分人员在演奏　　李维东 摄

二、业余文艺宣传队

业余文艺宣传队排练反映本土乡情的文艺节目，歌颂社会主义新农村，宣传当地好人好事，凝聚群众爱国、爱党、爱集体、爱家乡、爱劳动的向心力，树立社会主义新风尚。

小参村的业余文艺宣传队，还结合当时形势排练过《江姐》《洪湖赤卫队》《七品芝麻官》《人民公社的好书记》选场，并在村内公开演出。这些节目曾被选调在细坳、贝岭等地公演，受到当地干部及群众的称赞。1969年还排练过京剧《智取威虎山》全场，先后在细坳各村，江西省定南县鹅公公社、天花公社、九曲乡演出。

业余文艺宣传队人员名录

姓名	性别	出生时间	身份	文化	何种特长	备注
李海文	男	1931年	农民	小学	编剧	老师退职
李日光	男	1933年	干部	中学	表演	干部退职

（续上表）

姓名	性别	出生时间	身份	文化	何种特长	备注
李中坚	男	1934年	农民	小学	表演	
李发先	男	1935年	教师	中师	表演	老师退休
李金灵	男	1935年	农民	小学	表演	
李日华	男	1935年	教师	中学	编剧	教师退休
李海州	男	1936年	教师	中学	编剧	老师退休
李良田	男	1936年	农民	小学	乐器	
李玉连	女	1937年	农民	小学	表演、歌唱	
李培坤	男	1937年	农民	小学	表演	
袁梅香	男	1937年	农民	小学	表演	
李石金	男	1938年	农民	小学	表演、乐器	
李维照	男	1938年	农民	小学	表演、乐器	
李仰贤	男	1938年	教师	中学	表演	老师退休
李观娇	女	1938年	农民	小学	表演、歌唱	
杨兰秀	女	1938年	农民	小学	表演、歌唱	
李月娇	女	1938年	农民	小学	表演	
彭玉芳	女	1940年	农民	小学	表演、歌唱	
李金娣	女	1940年	农民	小学	表演	
李兰香	女	1941年	农民	小学	表演、歌唱	
李开年	男	1944年	农民	小学	表演	

（续上表）

姓名	性别	出生时间	身份	文化	何种特长	备注
李远宏	男	1945年	农民	小学	表演	
李文娇	女	1945年	护士	中学	表演	护士
李博宏	男	1946年	农民	小学	表演、歌唱、乐器	企业办退职
李观玉	女	1947年	农民	小学	表演、歌唱	
李学贤	男	1948年	教师	中学	编剧	老师退休
李新秀	女	1948年	护士	中学	表演	护士退休
李计灵	男	1948年	农民	中学	表演	企业办退职
李京平	男	1948年	农民	小学	表演、歌唱	
李良英	女	1948年	干部	中学	表演	
李运才	男	1948年	职工	中学	表演	企业退职
李玉明	男	1948年	农民	中学	表演	
李贤标	男	1948年	农民	小学	歌唱	
李来华	男	1949年	农民	中学	表演	
李桂英	男	1950年	职工	中学	表演	职工退休
李桥清	女	1950年	农民	中学	表演	
李维彬	男	1951年	农民	小学	表演	
李春英	女	1952年	农民	中学	表演、歌唱	
李长青	男	1953年	医生	中学	表演、歌唱、乐器	名企医生
李振兰	女	1954年	农民	小学	表演	

（续上表）

姓名	性别	出生时间	身份	文化	何种特长	备注
周春连	女	1954年	农民	中学	表演	
李新平	男	1955年	职工	中学	表演、歌唱	企业职工

李京平 提供

第四节 文化活动场所

一、文化教育室

20世纪50年代至60年代，小参村共有七个生产队，每个队都设有文化室。第一生产队设在径口新屋，第二生产队设在径口新屋下，第三生产队设在田心屋，第四生产队设在竹园围，第五生产队设在老围屋，第六生产队设在塘头屋，第七生产队设在上塅屋。这些文化室作为各个生产队的文化教育活动场所，生产队每月在文化室召开一次以政治为题材的学习教育和文化课补习。在1968年、1969年期间，这些文化室成为生产队老年人、中年人、青年人及小孩唱革命歌曲、跳忠字舞，凝聚人民群众热爱党、忠于人民领袖的活动场所，以及党员群众“斗私批修”的教育课堂。

二、文化广场

2013年3月，小参村建成全民健身广场；2013年7月，建成文化广场；2014年5月，建成红色小参纪念广场，并于2020年4月升级改造；2020年3月，小参村启动旗形自然村文化广场建设。这些广场供村民健身和散步等活动使用。

小参村全民健身广场

小参村文化广场

旗形自然村文化广场（在建）

红色小参纪念广场

朱伟烈 摄

红色小参纪念广场，2020年4月起为提升品位进行改造，图为2020年12月升级改造后的图照

第五节 阅览场所

小参村有三个阅览室，存书约10 000多册，其中小参小学图书室存书1500多册，供师生阅览；小参村委阅览室（农家书屋）存书约3000册；小参村文化碑林藏书阁存书5000多册，供村民阅览。

李维东 摄

李维东 摄

小参农家书屋

李维东 摄

小参小学图书室

李维东 摄

文化碑林图书室

第六节　景　点

小参村悠久的自然景观和人文历史，特别是红色历史，是小参村的一张名片，经过近十几年小参村人的努力打造，成为旅游、观光、学习、教育的场地。随着人民生活水平的提高，到小参村旅游参观的人员越来越多，现小参村是河源市爱国主义教育基地、中共河源市党史教育基地、河源市人文社会科学普及基地、河源市青少年红色教育基地、龙川县新时代红色文化讲堂、龙川县中小学德育基地。

红色参观路线：

江广亭（苏区盐道）→农会旧址（竹园围）→红色纪念广场→文化碑林→食盐储运中转站（仪象楼）→李云山故居（其昌楼）

古村参观路线：

江广亭（苏区盐道）→古楠树→李氏宗祠→古街（遗址）、明代古井、古荷树→竹园围（县级文物保护单位）→古皂角树→元代古井→古桔柤树→文化碑林→仪象楼（县级文物保护单位）→其昌楼（县级文物保护单位）→古胶树→径口古石拱桥（县级文物保护单位）

第二章　风土民俗

第一节　节　日

一、传统节日

1. 春节

过年是一年中最隆重的节日。春节来临，远隔百里、千里的儿女都会想尽办法回家与家人团聚，共叙一年在外工作的快乐和辛酸，聆听长者的勉励和对来年的祝福。农历十二月二十日为入“小年卦”，各家各户都准备给小孩、老人添置新衣裳。准备大米、糯米、黄豆等食材，大米要备足，一般吃到二月初二后才去碾米。用糯米酿黄酒，做粄皮、粄果、油炸果、糍粑、黄粄等。年二十五叫入“年卦”起，准备好的年料进行加工制成熟品，这些熟品叫年货，用于初一至十五日的正餐小点。进入年三十日（除夕）就是过年了，吃过早饭后开始贴对联、磨豆腐、酿豆腐、杀鸡、杀鸭、杀鱼、杀猪（好几户订购一头猪），加工成精品准备晚饭（也叫吃年饭）。一般下午五点吃饭，吃完放鞭炮，庆祝除夕。年初一晚饭后至初八的晚上，村民会组织舞火龙，挨家挨户到村民门前耍龙，欢度春节。

2. 出年宵（元宵节）

农历正月十五日元宵节，会杀鸡、杀鸭、磨豆腐、酿豆腐加菜，晚上放烟花炮竹闹年宵。家里添新丁的人家要在祖屋里点亮一盏煤油灯放在用于拜祖先的桌上，表示告慰祖上家里添丁，请祖先保佑新丁平安成长。家庭生活宽裕的还会在元宵节白天请舞狮队到家里表演，热闹一番，晚饭后还请舞龙队在家门口舞香火龙，鸣放鞭炮，告知众人家里添新丁。

3. 五月节（端午节）

端午节在农村算是小节，村民杀一只鸡、酿豆腐加菜即可。但吃粽子还是必不可少的。客家地区喜欢做传统的三角碱水粽。用晒干的布惊树枝叶烧灰泡成碱水，然后用碱水浸糯米包制成碱水粽，吃碱水粽有除肥腻、健胃润肺的功效。

4. 七月节（七月十四日）

七月节，杀鸡、磨豆腐、酿豆腐等，还做碱水粽，此节亦为庆祝一年中最辛苦的夏收夏种结束。

5. 八月节（中秋节）

中秋节，有两种形式度过，一是阳人过节，除加菜外，晚上全家老少一起围坐在家门口边吃月饼边赏月。二是给阴人过节，家人给祖坟铲草，祭拜祖先，告知晚辈这是祖先安葬的地方，不要忘本。

6. 新历年（元旦）

小参村人称新历年为小年。除春节外，这个节算是第二个隆重节日，小孩无特殊情况一般都会回来与家人团聚，欢聚元旦，祝福新的一年更美好。

二、新节日

随着社会的不断发展、进步，人们对节日概念也不断更新，特别是中华人民共和国成立后，国家新设立“三八”妇女节、“五一”劳动节、“五四”青年节、“六一”儿童节、“七一”建党节、“八一”建军节、“十一”国庆节等。某些人群还有一个属于自己的节日，如“教师节”“护士节”“警察节”等，大家都怀着一种深厚的感情快乐度过新节日。

1.“三八”妇女节

“三八”节是国际妇女节，是妇女翻身做主的节日。每年“三八”妇女节，村妇委会都会组织妇女代表开座谈会、表演节目，欢度“三八”妇女节。近十多年来村民生活水平提高，村妇委会组织经济条件较好的妇女自费到周边市县参观学习，见识新社会的发展和变化。

2.“五一”劳动节

早些时期，村（大队）会组织村民召开会议或组织青年人进行篮球比赛等活动。现今外出乡贤多会在“五一”假期回来与家人团聚或探亲。

3.“五四”青年节

村（大队）会组织青年进行篮球比赛等活动，纪念“五四”青年节。

4.“六一”国际儿童节

每年小参小学都会组织小学生由辅导员带领进行课外活动，纪念“六一”国际儿童节。

5.“七一”建党节

每年的“七一”建党日，村党支部都会组织在家党员开座谈会、举办讲座等，纪念党的诞辰。

6.“八一”建军节

节日期间，国家通常会对在农村的退役军人给予一定的生活补助，村委会召开退役军人座谈会，纪念“八一”建军节。

7. 国庆节

“十月一日”是中华人民共和国的生日，外出人员多会回乡欢度，白天举办文艺活动，晚上燃放烟花炮竹等。

第二节　婚姻 丧葬 做寿 弥月 迁居入火

一、婚姻

中华人民共和国成立前，青年男女的终身大事自己不能做主，概由“父母之命，媒妁之言”而定，父母包办婚姻。中华人民共和国成立后婚姻自由，男女自由恋爱，夫唱妻随或妻唱夫随，谁主见好谁做家庭主角，夫妻恩爱，生儿育女，敬老爱幼，家庭和睦，共创家业。

中华人民共和国成立前，子女长大后，父母便为他们准备婚事。一是父母看中谁家儿女就请媒婆去说亲。二是媒婆主动上门穿针引线。三是双方父母认同，请媒人去男女双方家拿生辰八字，如无相冲相克，且属门当户对，男方便叫媒人去女方家议定聘金、酒礼，双方同意后，男方即备办酒礼。四是行聘，备办好酒礼后，便叫媒人通知男女双方某月某日行聘，至期男女双方把聘金、酒礼的三分之二送到女方。五是纳采、纳吉，男方又需备办酒礼送往女方。六是请期（报归娶日期）男方叫星土择好佳期、吉日后，再办酒礼送往女方，女方认为无他冲撞，且嫁妆准备妥当，便答应依期出嫁。七是娶亲。婚期在即，男家张贴对联，置办宴席，雇请吹笛，鸣放鞭炮迎接新娘到男方门前。新郎由长辈、姐公（外公）或舅父簪花奉酒披红后，来到轿前扇门，后由一位多男多女的年长妇女将新娘牵出引至上厅，新娘新郎同拜天地祖宗，再由长者点花烛进入洞房，新婚夫妇喝交杯酒，待新郎出房，女宾客拥入，向新娘索取红蛋、喜糖、饼干，以示欢庆。入夜，男女老少到洞房嬉戏打闹，谓之闹洞房。 第二天早晨，新娘被簇拥着陪同新郎去拜祖宗，然后向家长、外祖、舅父等朝拜，受拜者给新娘以予勉励，并给赏赐。早饭后，送宾客。到第三天早上女方家的兄弟来到男家接姊妹回娘家，新娘在娘家住三天后又筹备礼物送回男家，这叫“转头”，此后夫妇开始正常生活。是年春节前夕，女方家发来请贴，春节后男方即准备贺礼去女方家认新，谓之“转门”。旧时未“转门”的女婿一直不敢到女方家去，如果去了称为“偷门转”，会被人取笑，“转了门”后便可随意往来，不再受拘束。

1950年5月1日，中华人民共和国颁布《中华人民共和国婚姻法》，实行青年男女自由恋爱，双方同意后，面见双方父母，然后到民政部门登记，办理结婚证，选个吉日宴请亲戚朋友，告知众亲朋。

二、丧葬

1985年前，农村办理丧葬仪式繁琐。基本操作过程有：①送终，长者患病医治无效弥留前，将老人抬出厅堂，其子孙双目凝视着前辈咽气送终，然后端温水给老人抹身，穿上寿衣、帽、鞋、袜。②入殓，经族人面见逝者后，将逝者放入棺材。③报丧，由族人发讣告，男逝者家属向族长报丧，女逝者家属则向其娘家报丧。④出殡时，举行祭奠仪式，三跪九叩，宣读祭文，鸣锣击鼓放鞭炮，以旌轴龙狮送往墓地，俗称"还山"。木棺土葬立坟后五、七载便捡 "起身"。然后请"风水先生"看山头、建坟墓。

1985年起农村实行殡葬改革，有部分逝者进行火葬。到2010年火葬率达100%，逝者骨灰20%入公墓，80%回村选坟土葬。

三、做生日（做寿）

在20世纪70年代以前，小参村老人有做生日的习惯，女50岁，男51岁称为上寿，六十一岁生日称为"大生日"。农村流传着这样的"六十不留宿，七十不留餐，人生七十古来稀"顺口溜。那个年代生活艰辛，医疗条件差，六十岁就显得很苍老，七十岁行走已不方便。探亲访友时主客双方通常会自觉遵守"六十不留宿，七十不留餐"的俗约。

改革开放后，随着村民生活水平提高和医疗条件的改善，人的寿命延长。七十岁还能在田间地头劳动，八十岁还能帮耕，九十岁还可以在田间散步。一般不做寿，生日那天中午家里加几个菜，儿女们聚在一起祝福老人生日快乐，健康长寿，就算为老人"做寿"。

四、弥月

小孩出生后第三天，开始给小孩洗浴，叫"洗三朝"。然后准备各种物品给女方家及自己的外祖父家送去，俗称"送姜酒"，岳父母将送去的酒席散发给亲友，叫"散姜酒"。随后女方娘家及亲戚备办鸡、鸡蛋、白糖、酒等到小孩家探望，谓之"送月"或"喝姜酒"。婴儿满月时，视各人的经济状况及亲戚多少决定摆酒席的规模、档次，宴请宾客，俗称"做满月"。弥月那天，向亲戚公开小孩名字，女方亲戚轮流抱小孩并祝福宝宝健康成长。

五、迁居

新居入住，一般要请"风水先生"择良辰吉日。届时摆置筵席，招待宾客，俗称

"转火"，又叫"莺迁"。从老屋搬运家具杂物到新屋时，每件家具均贴上红纸条，从老屋子带上火种，公鸡走在前，其他随后，放鞭炮，泥水师傅给主人说吉利祝言，俗称"好话"。入居第二天，娘家要给房主"上门红"，若祖父、祖母还在世，祖父娘家、父亲娘家、老婆娘家都要行挂门红的礼仪，娘家送红包祝福，房主发红包致谢，然后在家里进食午餐表示庆贺。

第三节 走亲戚 看朋友

走亲戚、看朋友是客家的传统习俗。客家人平日在田野辛勤耕作，要靠节日空闲时间去走亲戚或访朋友。它是亲戚朋友之间联络感情，互相慰问的一种友好形式。

一、走亲戚

春节是"走亲戚"最为频繁的节日，村民通常在正月初二到十六期间"走亲戚"。以前，"走亲戚"的顺序通常有"初三姥娘初四姑，初五初六看丈母"的说法；如今随着妇女地位的提高，生活节奏的加快，大部分人趁着初二年味正浓时，"先看丈人再看舅，姑父姨父排在后"。正月初二、初三，嫁出去的女儿们纷纷带着丈夫、儿女回娘家拜年，在娘家住上二三晚，初四或初五才回家。

走亲戚的次序是：外甥走姥姥家，闺女携婿走娘家，然后是去姑、姨、姐家。除特殊情况外，都要回拜。

作为一种传统民俗，走亲戚要带礼物，礼品在各个时期各有特点。20世纪六七十年代，一般是带一只煮熟的鸡、糯米粄、黄粄、一块约1公斤重的猪肉；20世纪80年代末，除带鸡、猪肉，还另给父母红包；20世纪90年代以后带水果给父母并给红包。

二、看朋友

朋友是邻里乡间的同学、同年、战友、同事及交往密切的各种朋友。看朋友一般在年初八至十四那段时间，带上两支白酒（土制白酒、莲花白酒）及水果，生活条件稍好点也可以带上两斤猪肉，一般不留宿，上午去下午回，中午在朋友家吃饭，饭后聊天叙旧，相互勉励谈未来，下午三四点时就返回。

第四节 称 呼

一、对家人称呼

晚辈对长辈：

称呼父亲：普通话叫爸爸，客家话叫阿爸、阿叔；

称呼母亲：普通话叫妈妈，客家话叫阿妈、阿娘；

称呼祖父：普通话叫爷爷，客家话叫阿公；

称呼祖母：普通话叫奶奶，客家话叫阿驰；

称呼外祖父：普通话叫外公，客家话叫姐公；

称呼外祖母：普通话叫外婆，客家话叫姐婆；

称呼老祖父：普通话叫老祖父，客家话叫老祖公；

称呼老祖母：普通话叫老祖母，客家话叫老阿驰；

长辈称呼晚辈，均叫名字。

二、对长辈兄弟姐妹称呼

称呼祖父的哥哥：普通话叫伯公，客家话叫伯公；

称呼祖父的姐姐：普通话叫大姑婆，客家话叫大姑婆；

称呼祖父的弟弟：普通话叫叔公，客家话叫叔公；

称呼祖父的妹妹：普通话叫姑婆，客家话叫姑婆；

称呼祖母的哥哥：普通话叫大舅公，客家话叫大舅公；

称呼祖母的姐姐：普通话叫大姨婆，客家话叫大姨婆；

称呼祖母的弟弟：普通话叫舅公，客家话叫舅公；

称呼祖母的妹妹：普通话叫姨婆，客家话叫姨婆；

长辈称呼晚辈，均叫名字。

三、对父亲兄弟姐妹称呼

称呼父亲的哥哥：大伯，大伯妻子叫大娘；

称呼父亲的姐姐：大姑，大姑的丈夫叫大姑丈；

称呼父亲的弟弟：阿叔，阿叔的妻子叫阿娘；

称呼父亲的妹妹：小姑，小姑的丈夫叫小姑爷；

伯父、大娘、大姑、大姑丈、阿叔、阿娘、小姑、小姑爷称呼晚辈，均叫名字。

四、对母亲兄弟姐妹称呼

称呼母亲哥哥：大舅，大舅妻子叫大舅娘；

称呼母亲姐姐：大姨，大姨的丈夫叫大姨丈；

称呼母亲弟弟：阿舅，阿舅妻子叫舅娘；

称呼母亲妹妹：阿姨，阿姨的丈夫叫姨丈；

大舅、大舅娘、大姨、大姨丈、阿舅、舅娘、阿姨、姨丈称呼晚辈，均叫名字。

五、给长辈造坟刻碑落款称谓

自己之父：父亲	尊父亲××大人之墓	儿子××立
自己之母：母亲	尊慈母××老孺人之墓	儿子××立
父亲之父：祖父	尊祖父××大人之墓	孙子××立
父亲之母：祖母	尊慈奶××老孺人之墓	孙子××立
祖父之父：曾祖	尊曾祖××大人之墓	曾孙××立
祖父之母：曾祖母	尊慈曾祖母××老孺人之墓	曾孙××立
曾祖之父：高祖	尊高祖××大人之墓	玄孙××立
曾祖之母：高祖母	尊慈高祖母××老孺人之墓	玄孙××立
高祖之父：天祖	尊天祖××大人之墓	来孙××立
高祖之母：天祖母	尊慈天祖母××老孺人之墓	来孙××立
天祖之父：烈祖	尊烈祖××大人之墓	晜孙××立
天祖之母：烈祖母	尊慈烈祖母××老孺人之墓	晜孙××立
烈祖之父：太祖	尊太祖××大人之墓	仍孙××立
烈祖之母：太祖母	尊慈太祖母××老孺人之墓	仍孙××立
太祖之父：远祖	尊远祖××大人之墓	云孙××立
太祖之母：远祖母	尊慈远祖母××老孺人之墓	云孙××立
远祖之父：鼻祖	尊鼻祖××大人之墓	耳孙××立
远祖之母：鼻祖母	尊慈鼻祖母××老孺人之墓	耳孙××立

第三章　民歌 歌谣 农谚 趣事

第一节　民　歌

十万挑夫上赣南

——河源拥军之歌

词:邹国忠
曲:魏德邦

1=♭B 4/4
[男女对唱]

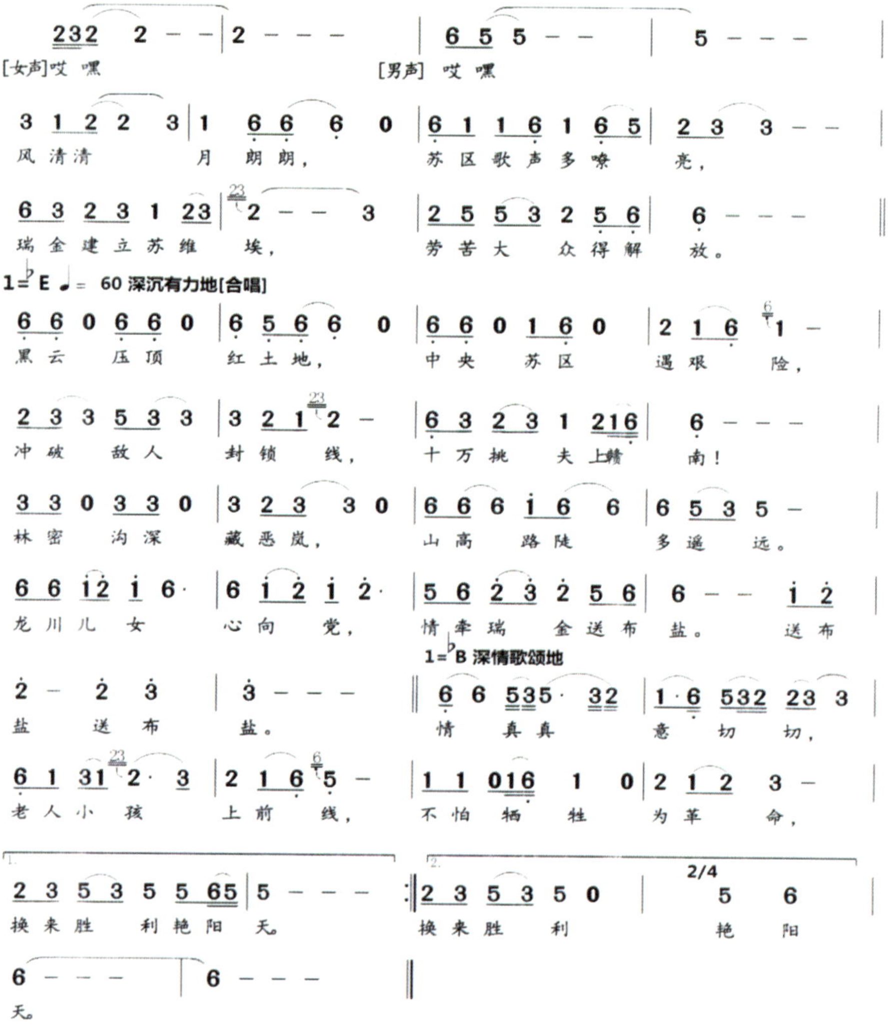

邹国忠 提供

第二节 歌 谣

农会歌谣

（一）

白纸拿来糊光窗，
不怕雨来不怕风，
不怕头颅跌落地，
只盼革命早成功。

（二）

农协干部好作风，
自带干粮来办公，
日穿草鞋闹革命，
夜走山路去发动。

夜走山路去发动，
一心一意为群众，
柴米油盐也想到，
问寒问暖情意浓。

钟朝艺 提供

民间歌谣

（一）

小参有个李仕章，
古书名著都内行。
阅书一目就三行，
人人称他秀才郎。

（二）

小参客女瑶田禾，

贝墩猪仔下车箩。

李运良 提供

第三节 农 谚

小暑大暑，恶过牛牯

立夏小雨，手软脚软

芒种夏至，有吃懒去

小暑大暑，有吃懒煮

清明晴，担秧施草坪

清明雨，笠麻蓑衣起

四月八，冻死黄毛鸭

六月早出红霞，下午晒死老爷

冬至出日头，过年冷死牛

八月十五种番薯，当得下家借米煮

出门看天色，进屋看面色

六十六，学不足

第四节 趣 事

一、小参趣事传说

1. 建西坑围屋传说

传说在明朝万历年间，李惟韬从贝岭迁到小参村赤岭下上角开基，勤耕苦作，生活逐渐宽裕，在小参街开有客栈。有一天，有位体弱老翁投宿。李惟韬见其身体虚弱，便扶进店安宿，并将家中母鸡宰杀熬汤给其滋补身体。数日后，老翁身体康复，见年过花甲的店主身材魁伟，面容慈祥，一身福相，便对李惟韬曰："吾是江西兴国人氏，常在潮汕一带为民择坟地吉宅，多次自此村路过，发现村中有风水宝地'双龙贯脉'的吉宅屋场。"翌日，老翁带李惟韬行至街背下侧，手指向梅里塘、后龙岗方向山脉，说此是双龙落在村中西坑田垌，是"双龙贯脉"，若择个良辰吉日动工，在正穴处造一大围屋，屋主会后福无量，子孙发达，代代人才超众，文官武将迭出。李惟韬经老翁点化，见眼前的西坑田垌确像"双龙贯脉"，即点头应允。动工时，发现穴位处有一个盘石，几个大汉都搬不动。李惟韬上前施礼，礼毕叫大汉用力搬挖，没费多大功夫盘石就被搬开，见地下藏着三水缸白银。待围屋造好，三水缸的白银正好支付造围屋的开支。《龙川旅游资源与开发利用》一书载有此围屋照片。

2.“斩龙截穴”传说

相传李惟韬携子带孙搬进新建的西坑围屋时，在第四代中出了一个才貌双全、自幼聪明、读书拔尖的裔孙，他就是李世相。李世相爱好习武射箭，后考上武举人，明朝崇祯年间被朝廷命为参将，精忠报国。清起兵灭明时，朝廷命李世相率数十万大军出京，与清军交战，清军节节败退。清军瞻天师疑李世相有风水宝地助威，便令部下率兵与堪舆师到广东小参村寻找李世相祖屋祖坟，在小参村查出李世相祖屋是"双龙贯脉"，便叫清兵在梅里塘、后龙岗山脉挖两道长数十米，深约七米，宽七至八米的槽沟，在槽内各埋一把猪姆锯，以示斩龙颈、截龙穴。数日后，梅里塘、后龙岗小溪连出几天囟碱水，李世相将军在战场作战也日渐败退，最后战死沙场——龙泉县（今江西遂川）。现后人仍传讲着"斩龙截穴、兵败沙场"的故事，而这两道沟槽遗迹经过数百年风雨沧桑依然犹存。

3.建“李氏宗祠”传说

清时李惟韬裔孙为纪念祖德，请堪舆先生在村中选址建造李氏宗祠，最后选定在赞湖第老屋右上角。那背后的山形像旗，正面的山形尖，凹凸几处，像笔架山，在这样的宝地建宗祠，后代必出文官武将。可惜，动工时择的良辰吉日有误，挖了数十锄，挖出108只蟾蜍，这些蟾蜍眼睛还未全开，无法跳出工地。堪舆师祝道："此乃是好预兆，若推迟几个时辰动工，小参村人'官福无量'，但李氏祖德功高，天神土地保佑，若小参每代出不了文官要员、武官主将，也必然出文武官员。"说来也怪，自建李氏宗祠后，小参村就没有出过将军和地方大官，但普通军政官员每代均有，人才颇有名气。传说，建祠动工时，若108只蟾蜍全部跳出工地，则表示小参每代必出文武大官一批。

4. 吴氏祖婆落葬在“生龙口”传说

传说，李惟韬妣吴氏仙逝时，请堪舆先生在本村梅里塘选一块“仙女照镜”的风水宝地并择良辰吉日落葬。吴氏出殡时，天气晴朗，“八仙”抬着吴氏灵柩还山。到达梅里塘“仙女照镜”的落葬处时，突然天昏地黑，大雨倾盆，“八仙”和吴氏的子孙们离开灵柩避雨，半个时辰后雨过天晴，却不见吴氏灵柩，只见堪舆先生指点的落葬处全是稀松土。堪舆先生对吴氏子孙曰:“吴氏为人亲善，德高动天，自行归宿，落葬‘生龙口’”。因是“生龙口”之故，吴氏坟未立碑，每年农历八月，后裔们到梅里塘只好站在吴氏落葬的山墩上祭拜。

5. “竹园楼”围龙屋传说

客家围龙屋，前低后高，后面呈半弧形，正面设一座大门，两边各设一座小门，称小围龙屋，两边各设两座小门，称大围龙屋。围龙屋一般是平房，很少是双屋结构的。小参村的“竹园楼”是正方形的围龙屋，正面设一座大门，大门高1丈8尺，东西两边后侧各设一座小门，小门高九尺，围龙内屋是双层，外屋是三层结构，建筑面积约660平方米，像这种围龙屋是罕见的。传说，古时有堪舆师在小参街客栈投宿，游逛小参村，目睹小参“五马归槽”村形，建议在“五马归槽”的归落处——村中心建一座四方围龙屋，意指此围屋是五马归槽的马圈。屋命名为“竹园楼”，表示五马归槽的马在竹园中歇脚。自李惟韬裔孙首薰迁入竹园楼居住起，竹园楼连出四个秀才、九个贡生。小参是粤赣两省交通要塞，官吏上京须从此往返。古时官吏入村需鸣锣击鼓开道，因小参的村容气势非凡，官吏通过小参均停锣息鼓，下马下轿。后来有官吏深感不便，于是指使堪舆先生用计，将围屋的四个角，从原三层增建为五层，“五马归槽”便成“五马四脚朝天，死马一圈”。

这个四方围龙屋除两个楼角已崩外，整个形状犹存，不少考古学家曾对这个古方围屋进行考究。《古邑龙川》一书载有围屋的正门图照。

6. 赤岭屋内天井泉水传说

赤岭屋位于小参村中部的东面，是一座上七下七的大围龙屋。该屋始建于清初，距今约300年左右，现仍有人居住。赤岭屋正厅后面的外围屋天井长期溢泉水，久旱不竭，冬暖夏凉，清洌甘纯，日可供80～90人饮用。主人将此天井改为饮用泉池，屋中父老均饮用此泉水。据传，此泉水煮饭不馊，酿酒不酸。居住在赤岭屋的人生儿育女男女比例均衡，且寿命较长，男人寿命均超过80岁，女人寿命多数在90岁左右。赤岭屋内天井泉如此神奇，至今仍然是一个谜。

7. 小参人的捷才传说

小参村人才辈出，其中不乏捷才，名扬周边，远代不说，近代和现代的捷才人物更多，这里略举几个：常青只上过几年私塾，他文学超众，作联、赋诗、写帖、书法，周边数十里无人不知他，乡里人称他为“大老先生”。桂文、仕章也只不过是念了几年私塾而已，但他们精通史书，博古览今，凭独特的记忆可将“三国演义”“水浒传”“三侠五义”等数十部历史小说一回一回地分解，平时总有一帮人围着他们听其讲故事，村里人称他俩是历史的“活百科全书”。见贤，解放初期在中山大学毕业，他小学、中学跳级，考大学名列前茅，考取中山大学，大学毕业后留校任教，研制出测量地貌的专用尺。该尺被教育部命名为“见贤尺”，国务院授予他 “全国先进工作者”称号，毛泽东、刘少奇等国家领导人还接见了他，是我国著名的地貌、地质专家。敬中，20世纪50年代中期小学毕业，对算数有特别的技巧，左右手可同时使用算盘计数，计量材积，一边丈量一边就计算出材积的得数，比查材积对数表还快，林业收购站人员夸他是“数字的活账本”。

8. 后话：小参今人传佳话

打开小参的历史，确是人杰地灵，人文荟萃，从古至今皆相似。古时的小参处于上京的古驿道上，小参人见过多少商人、政客在此往返。这些人智勇双全的身影，启迪着小参人勤劳勇敢，苦学向上，攀登进取。20世纪40年代后期至80年代初期，交通格局改变，地理环境变化，小参成为一个偏僻的山区村庄。小参人并没有丧失志气，敢于走南闯北，自强自立，参军，或读书致仕，外出求进，拼搏向上。

第四章 艺 文

第一节 诗

诗三首

谢逢松

（一）细坳镇

北穿一径便江西，
万壑千山路易迷。
今古挑夫多少叹，
都汇火车一笛嘶。

（二）古道

车到小参过午天，
运盐小路尚依然。
阶石个个无棱角，
尽是挑夫脚踩圆。

（三）古祠

五马归槽旧黄昏，
辉煌今日小参村。
人才四海皆成栋，
喜煞天堂老参军。

（1997年）

（谢逢松，系北京电影学院教授、中国书法家协会会员、中国当代诗人）

诗二首

邹晋开

（一）

五马归槽好地方，
人才辈出谱华章。
政坛建树多英杰，
文苑有为尽栋梁。
水秀山清家富久，
民安国泰福绵长。
地偏村小名声远，
德范淳风代代扬。

（2008年4月）

（二）

五马归朝锦绣开，
山村代代出雄才。
人心上善民风好，
共处和谐福自来。
石阶曲径贯隣边，
粤赣相连共鸟蝉。
人往物来承日月，
霜侵露染接云烟。
送盐不惧枪声急，
迎敌还凭赤胆坚。
竹影亭中藏气象，
小参漫道看新篇。

（2010年6月）

（邹晋开，河源市作家协会主席）

诗二首

杨石建

商贾已到尊山围

（一）

好是赣粤江广亭，
自古骚客来往吟；
当年周遭举赤帜，
喜煞川北小参人。

（二）

林中山鹰夜半栖，
农家雄鸡三更啼；
星月余光照古道，
挑夫闻声结伴行。

（三）

贼抢官阻道无情，
山高路远尽艰辛；
疲惫身躯哪歇息，
骑山嶂下江广亭。

（四）

江广亭前声声催，
驿道穿梭几来回；
昨夜挑夫隔窗语，
商贾已到尊山围。

精神永存当高歌
——河源红研会赴川北小参调研活动

川北小参故事多，古邑红村美名播；
跟共产党闹革命，红色历史汇成河。
组织农会减租息，唤起民众燃烈火；
支援苏区献力量，送盐路上抗妖魔；
坚持斗争不间断，抗日救亡亦有我；
斗顽反蒋求解放，英雄九连震山河。
先辈功绩启后昆，举止扬帆破波浪。
红色史实传万代，精神永存当高歌。

（杨石建，河源市委党史研究室原副主任）

小参游记一（古风）

邹金棠

粤赣边陲小参村，
中央苏区战旗红。
组织农会食盐送，
解放龙川九连雄。
千年史迹人赞颂，
五马归槽透玲珑。
碑林长廊留翰墨，
人杰地灵耀江东。

（邹金棠，河源市诗词协会会员）

小参游记二

俞林森

三友三访三参村，

百碑百廊百史生；
千山千竹千围屋，
万客万家万风情。

（俞林森，中国人民解放军海军少将）

小参游记三

骆国京

古朴小参名气大，
崇文尚武护中华。
英才辈出数千计，
近代山乡传佳话。

（骆国京，珠海市文联副主席、中外散文诗学会副主席）

小参漫道
——龙川新八景之一

罗洪安

翠峰环绕小参村，五马归槽似万军。
秀丽风光绘图画，悠长历史写芳芬。
人才辈出重文得，物迹繁多举世闻。
栈道曾经贯南北，行商不绝客纷纷。

（2016年）

（罗洪安，龙川县旅游局原局长、现任龙川文学会会长）

江广亭

温文斐

粤赣相交江广亭，

秘通盐道系深情。
苏区万劫传星火，
不负参村榜上名。

（2015年9月）

（温文斐，河源市人民政府原副市长）

小参颂

黄振周

赣粤古驿小参村，
革命老区一昆仑。
先贤千载拓基业，
五马归朝蕴雄魂。
明时参将清千总，
更有边纵九连红。
盛世欢歌山乡美，
擎帜跃驹奔大同。

（2014年）

（黄振周，河源市公安局原副调研员）

题小参

谢锦坤

源流脉脉续前宗，
耕读渔樵书韵浓。
济济英才走四海，
小参秀出五高峰。

（2014年）

（谢锦坤，河源市教育局原局长）

咏小参村一

罗小雷

往昔悠悠浩气深，
沙场故事话于今。
投军一百擎镰斧，
报国三千奉赤心。
坎坷征程挥热血，
峥嵘岁月奏强音。
当年豪杰铿锵志，
化作春风润小参。

（2014年）

（罗小雷，河源市行政服务中心副主任）

咏小参村二

袁南炽

山清水秀小参村，
源远流长重人文。
民居典雅民风好，
万紫千红总是春。

（袁南炽，河源市政协原常务副主席）

咏小参村三

曾锦初

小参人文甲龙川，
古韵稍比湘西逊。
新人新事新村貌，
春在枝头已十分。

（曾锦初，深圳市文化知名人士）

咏小参村四

侯月祥

中央苏区红旗展，
江广亭下革命歌。
当年古道运盐忙，
红色小参贡献多。

（侯月祥，广东省地方志办公室原副主任）

咏小参村五

曾繁耀

小村名扬数百年，
拜将入仕出英杰。
参天树茂几十里，
水秀山青显地灵。

（曾繁耀，原广东省林业厅副厅长）

咏小参村六

邹国忠

山青水秀好家园，
先辈英雄铸印痕。
战鼓声声传古邑，
红旗猎猎耀昆仑。
承前启后宏图绘，
继往开来大道奔。
凤翥龙翔歌盛世，
神州永记小参村。

（邹国忠，河源市委原副秘书长、中国诗词协会会员）

访龙川红色小参村

陈启鹏

南岭云飞古道旋，
长亭江广界相连。
昔年村堡兴农会，
漫地红旗夺政权。
入伍须眉争赴敌，
送盐巾帼勇支前。
来今指顾夕阳下，
十里春风拂绿田。

（2016年）

（陈启鹏，河源市诗词协会会长）

诗二首

吴泉林

小参昔日古道

驿路弯弯险万重，
羊肠小径战烟浓。
工农日夜将盐运，
革命苏区得雨隆。
戴月披星心系党，
翻山越岭气如虹。
红旗飘舞神州艳，
古道奇功载史中。

（2017年）

小参竹山行

漫步竹山岚霭多，
起伏绿浪接天河。
风霜雨雪情无改，
正是小参豪气歌。

（2017年）

（吴泉林，龙川县进修学校原副校长）

第二节 题 词

发挥资源优势
打造文化名村

（刘小华，河源市人民政府原市长）

红色小参
革命老区

（李万源，河源市人大常委会原常务副主任）

弘扬客家文化
建设宜居新村

（陈志干，河源市政协原主席）

世代铭记
英雄九连

（朱文和，中国人民解放军边纵东二支队二团三营营长、师职离休干部）

军民一家

（刘良凯，中国人民解放军中将、广州军区原副政委）

文化名村
美好家园

（杜吉昭，中国人民解放军少将、广州军区装备部原副部长）

做文化文章
为旅游服务

（吴有必，河源市人民政府原副市长，湖北黄岗籍人）

利用文化资源
服务旅游事业

（王绿良，广东省旅游局原副局长）

弹丸之地藏龙虎
五马归槽育将才

（李光大，深圳市南山环保局副调研员）

五马归槽
人文小参

（李长青，定南县第二人民医院董事）

前辈奋发建家园
后人图强绘新村

（李运良，细坳镇教育办公室工作）

客家古邑千百载
文化传承看小参

（李平枢，龙川县民政局原局长）

天地英雄气
风云浩荡春

（黄煜祯，河源市人民政府原市长）

碑林记史传精神
留芳百代德无量

（李成章，中国人民解放军广东省军区城门头干休所政委）

古邑龙川
小参见证

（李嘉宝，国家级书法家、高级经济师、广州市广告公司总经理）

地杰人灵
和谐家园

（吴善平，中共河源市委原常委、宣传部原部长、现任河源市人大常委会常务副主任）

英雄小参
地灵人杰

（石福尧，中国人民解放军韶关军分区原政委）

风正气顺
人才辈出

（周伟万，中共河源市委原常委、纪委书记，现任江门市政协主席）

小参福地
人才辈出

（刘国章，中国人民解放军大校、广州军区装甲部原部长）

英雄小参
戍士之乡

（赵国祯，中共河源市委原常委、河源军分区原政委）

川北小参
商贾摇篮

（张鉴林，中共龙川县委原书记、河源市人大常委会原副主任）

人文小参
戍士之乡

（杨星球，中国人民解放军少将、广州军区装备部原副部长）

文明乡风添和谐
灵秀山河育英才

（刘嘉文，中共河源市委原常委、组织部原部长）

悠久历史
传承文明

（李红艺，曾任龙川县人民政府副县长、中共河源市委政法委原副书记）

第三节　对　联

江广亭

李敬业

（一）

南北尽同胞分什么粤区赣域
东西皆大道看将来车水马龙

（二）

柱砥挽狂澜过客如流有几个不随波逐浪；
史书楷轶事浮生若梦问谁人是悟往知来。

（1924年）

（李敬业，系中华民国龙川知名人士）

江广亭

黄振周

漫道凉亭留江广挑夫过客山民千年脚印

巍峰峻岭展天地云空原野乡村百里风光

（2015年）

（黄振周，河源市公安局原副调研员）

江广亭

刘爱芳

赫赫将祠千古沙场仿听腥风撕战马

区区村寨万山盐道痕留铁脚济农军

（2015年）

（刘爱芳，中国楹联学会会员，紫金县教育局原局长）

惟韬公宗祠

李运良

大门对联

韬公恩泽地

将相孝忠门

大门侧联

狮子綑球文武登台雄才涌

双峰耸翠孙支繁衍伟业兴

上厅对联

跪前一柱香沐祖德思祖恩不忘聆祖训

堂内三叩首敬先人承先志牢记学先贤

（2016年）

（李运良，细坳镇教育办公室教研员，小学高级教师）

第四节 赋

小参赋一

杜 海

客家名村，川北小参。聚粤赣边陲之钟灵，蕴东江一脉之毓秀。宋淳祐年间，中原战乱，曾、缪、陈、白等数十姓先民迁徙至小山，开基立业繁衍生息。后因拓三条通外之道，故又称小三。李姓自明万历初于此立基，因崇祯年间村中出一参将，为之荣耀，众口相传，日久时长，后人遂名之为小参，沿用至今。此地有崇峦碧岭阡陌良田，利民生之基业，昌百世之蕃衍，民风淳朴；村舍依山，小桥流水，一派自然。明末出武举榜首李公世相，播声名于朝野，启后来之俊彦。古之重镇，驿道衢通，人文蔚起，商贾兴隆。予谓：宝地何分繁僻耶？人心思进，崇文尚武则代有才杰也。小参虽小，亦可显其大矣！

今之视昔，辈出时贤，风云激荡矣！壮哉小参村，清末李博尧，率民揭竿声威振，反清拥太平；近代李云山，弃学从戎干革命，受命返小参，与族人李国才、李旭光、李言宾、李四洪倡创五兴龙小参农民协会，开宗明义，广纳会员，反抗旧制，革命火种从此播于小参村也，得共产党的领导，村中才俊群起为国贡献。土地革命时期，李云山、李绍文组织运送食盐小分队，为赣南红军秘密运送食盐三年余，因被国民党特务发现，李炳文、李坤林、李明文三人被捕入狱，英勇壮举斗顽敌。抗战时期组织抗日救亡队，由李硕华任队长，李绍文任副队长，开展抗日救亡运动，同仇敌忾驱日寇，直至抗战结束。解放战争时期，小参村英雄辈出，在党的领导下组建小参游击队开展武装斗争，后整编为湘粤赣边纵东二支二团三营九连，由李良才担任连长，在朱文和营长的指挥下，参加了上坪、三溪口、龙母及解放兴宁、广州等地的战役。村中有一百二十余人入伍，为建立新中国抛头颅洒热血。中华人民共和国成立后，朝鲜战事起，村中有八名热血青年参加志愿军赴朝鲜作战保家卫国。可谓“英杰情怀兮名传中华”。

改革开放，经贸繁荣，人尽其才，国强民富，村人亦随时代之潮流，涉各领域，各竞才智思奋发，人才济济振村威。小参村之历史人文久播于今，盛矣。今村变新颜，惠及百姓，和谐共进，令英雄村成为美丽的革命传统教育基地，足以彪炳史册也。小参村之人才、品格、精神、风尚亦由此体现，亦将盛名于后世。

（杜海，中国书法家协会会员、中华诗词学会会员）

小参赋二

叶细初

粤赣边陲，小小村庄，历史悠久，八百年长。人杰地灵，“五马归槽”英才众；林丰竹茂，一水环绕稻谷香。

明之世相，武举成名皇恩荡；宋之战乱，客家先民入此邦。驿道穿村，涉水跋山千里远；挑夫过岭，腰酸腿痛两肩伤。“竹园围”，二百载风姿依旧；“古街巷”，千般石脚底磨光。夜海灯明，农讲所会神聆听求真理；红棉花绽，李云山远道羊城觅良方。携农友，分田分地斗土霸；办农会，减租减息抗税粮。经受围困，红苏区几番缺盐短米；冲破封锁，送盐队三年履雪披霜。岁月艰辛兮，送盐队餐风饮露；寒暑催人兮，李云山瘦骨伤肠。倭犯北国，抗战守土人有责；火烧南天，救难扶伤名远扬，驱老蒋，军民联手，老少争相上阵；求解放，兄弟参军，父子竟然扛枪。噫嘻！昨日尘封历史，今朝重放光芒。

硝烟散尽，鼙鼓声藏。协力齐心，奋发图强。坚守故土，拓展山梁。栽竹采笋，直奔小康。车马奔驰兮，村前屋后道路宽畅；星月交晖兮，小户人家夜色辉煌。培育后昆，尊师重教，芳村诵声朗朗；共襄义举，集腋成裘，黉门教室堂堂。“古村落”，“老苏区”，公文一纸民欢乐； 广集思，善筹款，翰墨百丈展长廊。寻访旧址，编著史书，前人之功绩历历在目；矗立丰碑，缅怀先烈，英贤之遗愿念念不忘。

嗟乎！逐利争名，斗角勾心，先贤也，无以眷顾；奉献乐于，回报何图，后辈也，视为指航。幸哉，小参！壮哉，此乡！

选自《板栗花开》（中国电影出版社，2016年3月）

（叶细初，河源市外经贸局原局长、中华诗词学会会员）

第五节 散 文

福泽小参

———为龙川县细坳镇小参村红色革命根据地辞

（2015年）

罗洪安

小参，山岳之冲，川北腹地。革命战争年代英雄辈出，艰难困苦岁月创千秋伟业。农会聚贤，九连浩荡，碧血丹心，可歌可泣，为广东乃至中国革命作出不可磨灭的功勋；群豪毕至，英勇善战，前赴后继，耸抗日救国志士气吞山河之光辉形象。坚韧不拔，不畏艰难，风雨兼程几十载，小参崛起，追求卓越，成就斐然创辉煌。肩负神圣使命，打造红色故土，人民仰望里程碑；构和谐社会，彰显中央苏区鲜艳旗帜，历史铭记昭民心。与时俱进，塑《五马归槽》《牛气冲天》于人杰地灵之圣地，科学发展，展风流人物于未来畅想之境界。

写实小参昔日恢宏气势，具象龙川腾飞圆我中华强国之梦。灵动中浸润庄严凝重，内蕴中寓意坚定信念。瞻仰雕像，感慨万千，远瞩迢迢，气魄雄浑。激情澎湃，重振老区凌云壮志，凝聚于雕塑的深刻内涵与灵魂之中。

千锤百炼，烈火金钢。忆当年，枪林弹雨，英雄遗风泽后代；看今朝，事业有成，举国上下谋发展。铁肩担道义，众志成城请长缨，敢教日月换新天。妙手著华章，万众同心襄盛举，英姿勃发绘宏图。

万马奔腾，神牛奋蹄，傲然卓立，一往无前，锦绣河山，永葆青春。

（罗洪安，龙川县旅游局原局长，现任龙川文学会会长）

小参漫道

（2015年10月）

钟汉承

龙川县北部重镇——细坳镇，位于广东与江西两省接壤的要隘中。小参村则是该镇版图中顶颠的一个小山村。沿着该村小道北上不足百米便是江西省定南县地界。多少年来，广东沿海食盐等生活必需品与江西烟叶等农产品进行着长期的交换。在那交通落后，运输只能靠步履肩挑的日子里，小参村道在这种活动中自然担当着重要的角色。每天天刚亮就能听到粤赣两省挑夫们的阵阵吆喝声。来往者到了小参村总觉得一趟艰辛路已过半，自觉不自觉地都会在村中稍作憩息解乏。久而久之，不经意间也就形成了一个小集市。可见，小参村地理位置极其特殊，战略地位十分重要，历史上一直是兵家必争之地。2012年小参村入选广东省古村落名录，2014年又经河源市人民政府审批确认为革命老区村。

小参村，全村人口2000多人（中华人民共和国成立前仅500多人）。别看村小，但其却拥有客家人南迁避乱、经七百多年发展的悠久历史；曾有过为当时民间广泛流传的“头老隆，二贝岭，三小参”的繁华商贾之鼎盛辉煌；历史上也曾有过反帝、反封建的激烈的阵阵澎湃；更可贵的是现代史上也曾涌现过一批又一批，不惜倾己之囊，支援前线，前仆后继，不怕牺牲的革命先驱。因此，小参村长期以来一直被人们誉为历史悠久辉煌，村风淳朴优雅的小山村。

走进小参村，展现在我们眼前的便是横贯村中的极为平常的山村小道。这平常的山村小道却承载了无数的不平凡。当人漫步其中，只要用心认真地去感受，似乎又清晰地把握到了小参村人的先辈们几百年筚路蓝缕，披荆斩棘，艰苦创业的时代气息；仿佛又听到了粤赣两省民众为追求生存，养家糊口，往返歇息于此道，因家计艰难而发出的阵阵的长吁短叹；听到了在历史长河中最底层百姓心中所发出的反帝反封建的高声疾呼；听到了“大刀向鬼子们头上砍去”的怒吼；听到了广大人民群众在中国共产党的领导下高呼“打倒国民党反动派，推翻蒋家王朝”的声声呐喊。可见，小参村道是一条亘古无垠的漫漫之道。她记录着小参村的悠久历史，折射出小参村可贵的精神文明，承载着广东、江西两省百姓的辛酸血泪，延伸着广大民众的无限希望。这条小道，是一条艰苦创业之道，是一条追求生存之道，是一条红色革命之道。在今天看来，她更是小参村人与全国人民一道在党的十八大精神的引领下，快速进入小康，大步奔向幸福吉祥的康庄大道！

（钟汉承，中共龙川县委原副书记）

第六节 书 法

李见贤2000年书小参小学校名

吴全然2011年书藏书阁

黄晓红书于1988年

李春辉墨迹（1978年）

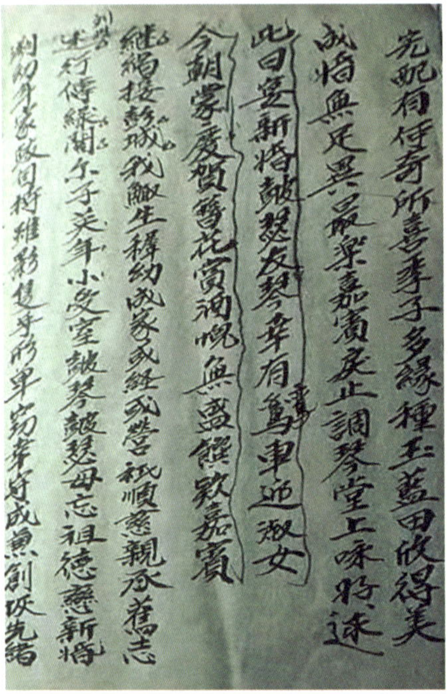

李和铣1933年书法手稿

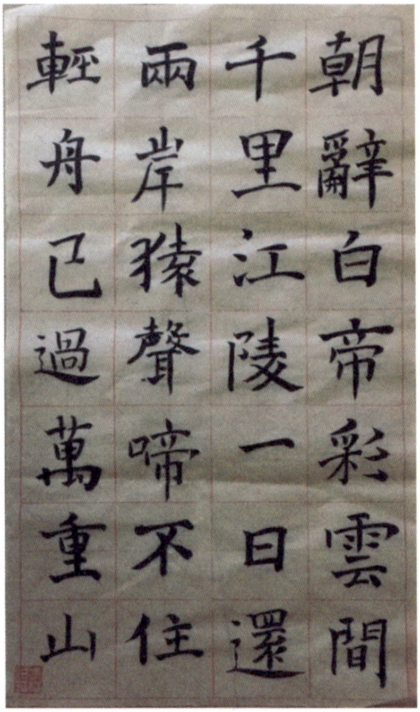

李振杰（9岁）书法

第七节　艺　术

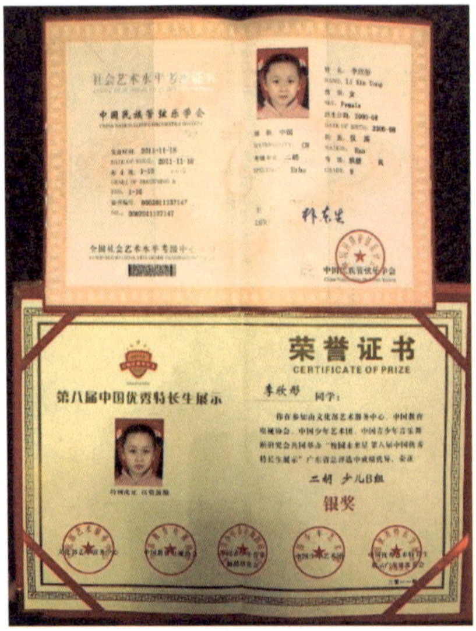

李欣彤（6岁）参加期末文艺展演

李万涛2016年参加广东省首届民歌大赛
（比赛现场图照）

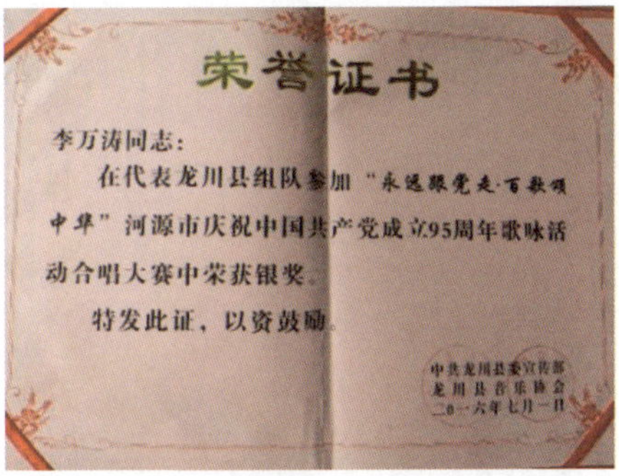

荣誉证书

李万涛同志：

在代表龙川县组队参加"永远跟党走·百歌颂中华"河源市庆祝中国共产党成立95周年歌咏活动合唱大赛中荣获银奖。

特发此证，以资鼓励。

中共龙川县委宣传部
龙川县音乐协会
二〇一六年七月一日

持证人 李万涛
Bearer of this Certificate LiWantao
性别 男 Sex Male
民族 汉 Nationality Han
出生日期 1974年1月
Date of Birth July,1974
出生地点 广东龙川
Place of Birth GuangDong Longchan
No: 164

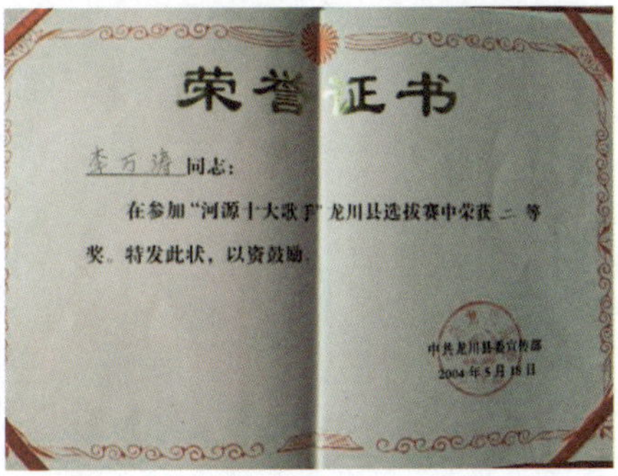

荣誉证书

李万涛 同志：

在参加"河源十大歌手"龙川县选拔赛中荣获 二 等奖。特发此状，以资鼓励。

中共龙川县委宣传部
2004年5月18日

第八节 著 作

李德标编著有《龙川旅游资源与开发利用》（与曾锦初合作）、《龙川旅游崛起》、《川北小参革命斗争纪事》、《红色小参村》。

李炳荣编著有《生活感悟诗篇》《世事感应》。

红色资源

小参村历史悠久，人文荟萃，有着光荣的革命斗争历史。小参村人长期居住在通往南北的粤赣古驿道上，见多识广，性格豪爽正直，思想进取，每当时局变化，朝代更迭，总有有识之士顺应时代潮流，参与除旧革新浪潮。清代咸丰年间，受太平天国农民起义影响，李广运在贝细（贝岭、细坳）一带组织农民队伍揭竿而起，向腐朽的清政府做斗争，清末辛亥革命爆发，李云山捐输3000大洋支持国民革命运动。特别在中国共产党领导的大革命时期、土地革命时期、抗日战争时期、解放战争时期中，小参人民抛头颅、洒热血，为人民解放事业做出奉献。

第一章　革命事件

第一节　大革命时期事件

五兴龙小参农民协会成立：1924年1月国共第一次合作开始，在中国共产党的推动下，广东各地农民运动快速发展，尤其是东江地区。小参人李云山从广州农讲所学习回村后在小参竹园围组织李旭光、李国材、李言宾、李坤林、李传林、李源林、李碧林、李本林、李琼林、李正林、李观英、李四洪、李旭初、李明书、李明庭、李明万、李明兴、李明柏、李佳标、李榜标、李国柱、李兴来等成立农民协会，李云山为会长，李旭光、李国材、李言宾为副会长，开展“二五”减租、减息与地主豪绅作斗争，提出“打倒帝国主义！”“打倒土豪劣绅！”“打倒贪官污吏！”“打倒军阀！”“一切权力归农会！”的革命口号，并带动龙川北部地区的农民运动。

第二节　土地革命时期事件

五兴龙小参农民协会为中央苏区运送食盐：土地革命时期，中央苏区在赣南建立革命根据地时，国民党当局对赣南革命根据地进行长时间的封锁围剿，中央苏区粮盐紧缺，小参村农民协会李云山组织李炳文、李坤林、李贤文、李祥文、李伟民、李绍文、李明文、李春辉、李桂文、李显仁、李帮文、李国柱、李榜标、李明柏、李明兴、李琼林、李碧林、李正林、李佳标、李和坤、李相海、李铜章、李银章、李四洪、李良锦等组成送盐队，为赣南根据地（特别是安远）输送大量食盐，时间近三年之久。其中有一次运盐队在贝岭（黄贝岭）码头下盐时，李显仁等被盐警发现后发生争斗，当时贝岭小学校长李和铣得知，迅速到现场与警察协调，李显仁等脱险为夷。1933年春，李贤文、李祥文、李帮文在送盐途中遇害。1933年秋，小参村送盐队在三溪口渡口等候从贝岭（黄贝岭）送盐来的小船时，李炳文、李坤林被跟踪的国民政府盐警当场抓捕。与此同时，龙井屋作为储藏食盐的中转站（食盐的来源主要从贝岭码头、三溪口渡口和县内沿古道送来），被国民政府警察搜查到储藏的1500多公斤食盐全部被没收，仪象楼被钉封不许村民进出，几天后，因无水无粮，4个小孩被活活饿死，经过村民再三央求才准许挖一个小洞进出。李炳文、李坤林被国民政府警察抓捕后，以走私食盐通共罪被判坐牢三年，在牢中受尽折磨，李炳文刑满后于1938年病故，李坤林刑满后于1939年病故。

第三节　抗日战争时期事件

龙川县党史研究室出版《川北革命斗争纪事》记载：1939年，在川北地区从事抗日救亡宣传活动的除青年抗日先锋队（抗先队）之外还有另外两个群众组织：一个是由徐希哲（后邹清容、陈演、方云生）带队的“东江华侨回乡服务团第六分团（龙川）”；一个是由方少逸、张克明、黄杏文带队的“中大战地服务团”。这两个群团组织是在抗日民族统一战线背景下，以共产党员为骨干组织起来的，经当地国民党政府同意而公开进行抗日宣传活动的。东江华侨回乡服务团龙川分团（六团），为适应形势发展需要于当年4月增设一个第三队（贝岭队），由余进文任队长、刘波任副队长。余进文、刘波率第三队开赴贝岭等地宣传抗日，贝岭党组织积极配合，与各方面协调关系开展宣传活动。并在贝岭圩举办青年抗日游击训练班（青干班），培养抗日宣传干部，经与当地开明绅士、贝岭区区长李敬业商定，青干班在民众抗敌后援会会址上课。通过学习培训，激发了热血青年的抗日热忱，后来青干班迁移至贝岭米背坳，贝岭党组织吸收袁秀文、刘继昌、刘少雄、李硕华等加入中国共产党，壮大了党的队伍。

李硕华于1939年参加东江特委魏南金在贝岭米贝举办的抗日培训班学习，其间李硕华、马俊、李卓宣、袁秀文加入党组织。李硕华在贝岭党组织领导下，与马俊、李卓宣、袁秀文一起在贝岭、细坳一带进行抗日救亡宣传活动。还在小参村竹园围成立抗日救亡宣传队，队员有：李绍文、李月标、李四洪、李永贵、李久中（大河村）、李久全（大河村）、李久标（大河村）、周沐日（张田村）等。在小参及细坳、张田等村进行抗日救亡宣传、张贴宣传标语、演抗日戏，大力宣传抗日救亡救国道理、激发民众抗日热情。小参村民在参与抗日救亡活动期间，救助从广州、潮汕地区经过小参古驿道的难民（见下表）。

收留难民名录

难民姓名	收留村民	世系	组成关系	住址	子女姓名	备注
马赛明	李良德	32	夫妻	径口	李中平	
黄淑芬	李接胜	30	夫妻	田心	李石金	
郭氏	李福林		夫妻	赤岭	李昌胜	
吴香妹	李煌成	31	夫妻	街上	李运周 李运提	
李来茂	李子汉	31	父子	赤岭	李学明	
唐氏	李石明	29	夫妻	赤岭		石明去世后改嫁林亚海
黄氏	李成周	30	夫妻	赤岭	李日红	
黄珍玉	李和添	31	夫妻	坑背	李良坚	
李成来	李继昌	30	父子	街上	李海平 李炎平	
云兰英	李运来	30	夫妻	街上	李观玉 李丁兰	
李德初		31	父子	街上	李爱东 李爱锋	1952年李德初由李明文转给李运来抚养
黄玉妹	李仁海	30	夫妻	老围	李良权 李满昌	
李维山	李俊光	30	父子	街上		

（续上表）

难民姓名	收留村民	世系	组成关系	住址	子女姓名	备注
罗玉珍	李松华	29	夫妻	田心	李振贤 李振辉	
李顺华		30	父子	田心		
罗氏		30	媳	田心		
李成佳		31	孙	田心		
杨风娥		31	孙媳	田心		
黄氏	李成杰	30	夫妻	塘头	李运才	
李良田	李俊光	31	祖孙	街上	李小敏 李小勇	
胡月梅	李松旺	30	夫妻	街上	李维锋 李维波	
黄氏	李庆和	31	夫妻	旗形		
温观娣			夫妻	新围		
李才华			父子	新围		
谢友娇	李良照	32	夫妻	径口	李水万 李万福 李万伟 李万云	
郭氏	李贤仁	30	夫妻	老围	李秀章 李秀华	
邓日连	李才章	30	夫妻	坑背	李运煌 李运林 李金堂	
李来胜	李良赞	32	父子		李银燕	
李才焕	李海通	30	父子		李大锋 李群丰	
陈朝娣	李木星	30	夫妻		李伟林	

（续上表）

难民姓名	收留村民	世系	组成关系	住址	子女姓名	备注
陈益娣	李井和	31	夫妻			
李日新	李序金	30	父子			
李和新	李久铨	30	父子			
李清园	李序金	30	父子			
郭贵珍	李和炎	31	夫妻	旗形	李惠灵	
李惠灵		32	父子	旗形	李立新 李万春	
郭氏	李明文	29	夫妻	仪象楼		
李见贤		30	父子	仪象楼		
李德初		31	爷孙	仪象楼		
冯珍妹	李明添	29	夫妻	其昌楼		

李维东、徐育红、李贤文 提供

第四节　解放战争时期事件

解放战争时期，小参村在川北游击大队的领导下，与周边地区反动武装进行游击斗争。川北游击大队刘波、林镜秋、林若、朱文和等多次到小参指导武装斗争活动。龙川解放前夕，北川游击大队派朱文和、王援传、蓝梅昌到小参扩大武装力量，在竹园围将游击队整编为东二支二团三营九连，李良才任连长，王援传（共产党员）任指导员，后期为戴梅康（共产党员）任指导员，蓝梅昌（共产党员）任副连长，小参村全连140多人（其中大河、张田、细坳、兴隆等村20多人，其余为小参村人），从班长、排长、连长均为小参人担任，九连随大部队参加解放定南、兴宁、河源、广州等战役战斗。

一、连队干部

连　长：李良才　　　副连长：蓝梅昌（共产党员）
指导员：王援传（共产党员）　戴梅康（共产党员）
司务长：李文林　　　李良荣　　　通信员：李石才
一排长：李立生　　　二排长：李仕章　　　三排长：李龙汉

二、全体人员

1. 小参村人

李良才　李良成　李良发　李良照　李良安　李祥华　李良珍　李镜明　李良万
李珍禄　李春辉　李海文　李桂文　李中坚　李永成　李才章　李火添　李梓林
李伟芬　李运添　李日光　李海标　李伟标　李火光　李作贤　李发扬　李成先
李良基　李伟生　李良奎　李文周　李元金　李敬寿　李成杰　李观荣　李子兴
李良锦　李良辉　李月标　李绍文　李月炎　李国章　李相桥　李　光　李良禄
李文锦　李文林　李桥生　李良文　李良田　李维山　李森章　李佳标　李月华
李俊华　李石华　李顺和　李久海　李石才　李泮香　李　常　李木星　李伟林
李久岸　李久宗　李兰生　李锦生　李立生　李德生　李道生　李乾生　李顺昌
李顺天　李顺诚　李顺安　李银章　李铜章　李运章　李仕章　李硕华　李英华
李连华　李和添　李祥添　李善添　李炳华　李金松　李松华　李成中　李成周
李成达　李良荣　李良德　李良新　李良焕　李和才　李和标　李锦华　李四达
李和腾　李煌标　李游泮　李月文　李贤华　李锦春　李仁发　李仁海　李龙汉
李龙文　李成柱　李成明　李石明　李贤旺

2. 外村人

张田村：周序桥　周如兰　李火滔　李良炎　吴文昌　吴昌如　刘昌华　刘思汉
再上村：李家旺　李家逢　李明浩　李家有　李果美
大河村：李久全　钟传华　钟岳银　李庆林　李久添　李成湖
嶂背村：李良德
江西兴隆村：李永长　李炳亮　李兴尧　李桂香　李良添　李观林　李石章

九连有140多人参加解放定南、鹅公、上坪、龙母、老隆的战役战斗，年老、年幼的战士经组织批准返乡土改，留下60多位青壮年战士继续随大部队南下。

第二章　革命活动旧址

一、竹园围

李维东 摄

竹园围

竹园围建于清代，坐东北向西南。三进二横，正屋上七下七布局（房间三层木楼棚），横屋前后有角楼。面宽37.2米，深29.6米，建筑占地面积1101.12平方米。正屋和横屋为青砖墙基土墙体。角楼为青砖墙基中间土夯墙，上部为土砖墙体。硬山顶，灰瓦屋面，厅房为混凝土地面，天井为鹅卵石铺砌。首层计有五厅、四天井、三十二房间、一余坪。大门青砖拱门洞，石质门框、门礅，木门页，门额墨书“竹園围”。下正厅有二圆木柱。中正厅前檐有四圆木柱和梁架。

1924年，李云山从广州农讲所学习回来，在此屋成立农民协会，召集农协会议，组织农民反苛捐杂税。此屋是农民协会办公旧址。1939年，李硕华在贝岭米背入党后回村组织抗日救亡活动，在此成立抗日救亡宣传队。1949年5月，中国人民解放军粤赣湘边纵队东二支二团三营九连在此成立。2014年，竹园围被龙川县人民政府列为文物保护单位。

二、李云山故居

李维东 摄

李云山故居

李云山故居建于清代，坐西北向东南，二进二横，正屋上五下五布局，客家方形屋。面宽30米，深13米，建筑占地面积390平方米。青砖墙基夯土和土砖混合墙体，硬山顶，灰瓦屋面，混凝土地面，过道天井为鹅卵石地面。有六厅、三天井、二十房间、一余坪，总占地面积600平方米。大门木门框、石门礅、木门页。下正厅有二圆木柱和屏风，上正厅正壁有神龛。现保存完好，2014年被龙川县人民政府列为文物保护单位。

李云山原名李协林，生于1867年，病逝于1935年11月。他早年跟随孙中山参加国民革命运动，1924年在广州农讲所学习，是广州农讲所的第一期学员。

三、仪象楼

仪象楼建于清代，坐西向东，二进三横，正屋上五下五布局，客家方形屋。面宽30米，深16米，建筑占地面积480平方米。青砖墙基夯土和土砖混合墙体，硬山顶，灰瓦屋面，厅房泥土地面，过道、天井地面由鹅卵石铺砌而成。有六厅、三天井、二十房间、一余坪，总占地面积630平方米。大门麻石门框、门礅，木栊门，木门页。下正厅有二圆木柱和屏风，上正厅正壁有神龛。

1929—1933年，小参村农民协会为中央苏区运送食盐等生活物资，仪象楼为中央苏区食盐储运中转站。2014年被龙川县人民政府列为文物保护单位。

李维东 摄

仪象楼

四、江广亭

1929—1933年，中央苏区遭国民政府封锁时，小参农民协会从这条古驿道经过江广亭坚持近四年秘密地将食盐输送到中央苏区。2015年10月28日，这条古道被龙川县文化广电新闻出版局列为“不可移动文物”并加以保护。

成双军 摄

江广亭

李维东　摄

河源市委党史研究室于2015年12月立苏区盐道碑记

李维东　摄

赣州市委党史工作办公室于2015年11月立盐道碑记

李维东　摄

江西兴隆村往江广亭指示牌

李维东　摄

广东小参村往江广亭指示牌

第三章　纪念革命历史建筑

一、李云山先生纪念碑

1995年，为纪念李云山，县、镇拨款在李云山故乡建立李云山先生纪念碑。时任龙川县人民政府副县长李红艺题写碑名。

李云山先生纪念碑　　成双军 摄

二、红色小参村纪念标志

2014年5月，细坳镇人民政府在小参村建设了一座以小参村革命历史为题材，高7.1米、长12米的红色小参村纪念标志。

红色小参村纪念标志　　李维东 摄

第四章　红色教育场馆

一、小参革命历史展览馆

位于仪象楼，2018年12月建成，展室分四个厅、六个间，展出图片188张，展线长61米。主要介绍大革命、土地革命、抗日战争、解放战争时期的人物事迹。

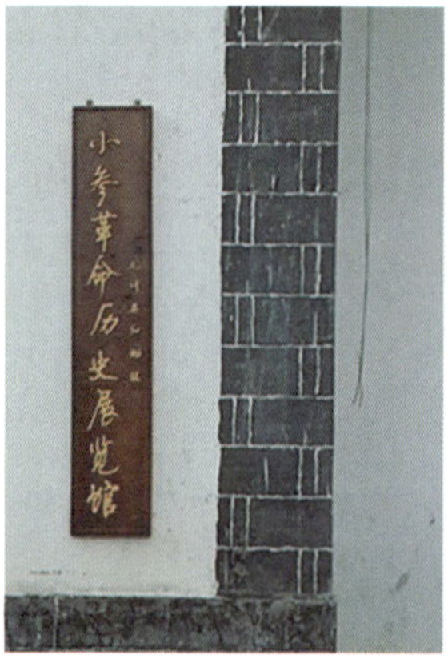

二、小参红色文化展览馆

位于竹园围，2018年12月建成，展室分三个厅，展出图片50张，展线长35米。主要介绍解放战争时期及1949年中华人民共和国成立后的人物事迹。

人物

第一章　历史人物

第一节　明代时期（1369—1644年）人物

学业：

李惟韬 男，小参村人，庠生（秀才）。

李澄浪 男，小参村人，秀才。

李时日 男，小参村人，秀才。

李首缵 男，小参村，国学就读。

李首薰 男 小参村人，国学就读。

官职：

李世相 男，小参村人，明朝天启年间考中举人，崇祯皇帝授兵部参将。

名人传略：

1. 李惟韬

李惟韬（1578—1650年），李火德十四世裔孙，男，小参村人。妣张氏、吴氏。是从半径迁往小参李姓的始祖，在赤岭下开基，是明朝的庠生（秀才）。清乾隆年间进士，曾担任翰林院编修、广东学政、文学家李调元（四川绵阳人）赠其“斯文首倡”匾一块，原件存于大河村李万兴家。知府吴赠其“绩著凝香”匾一块，已流失。按此推理李惟韬应是有一定官职之人，只是无从考究。他一生勤奋好学，聪慧过人，乐施好善，子孙繁衍。惟韬公祠建在蟾蜍径。李惟韬当时在细坳是名人之一。

2. 李世相

李世相（1616—1647年），又名李相唐，男，小参村人，明朝晚期的武举人。明朝崇祯皇帝钦命为兵部参将。明朝末年，李世相率数万明军从北转战至江西赣州遂川县（原龙泉县），终因不得援军。清顺治四年（1647年），全军覆灭于遂川县城内。其后世子孙为纪念他，将小三村改称为小参村，其出生的西坑围龙屋，后人称为“参将屋”，距今已有三百余年历史，虽年久失修但风貌犹存。

第二节 清代时期（1616—1911年）人物

学业：

李天柱 男，小参村人，秀才。

李天授 男，小参村人，监生。

李天植 男，小参村人，监生。

李书升 男，小参村人，秀才。

李汉英 男，小参村人，监生。

李汉光 男，小参村人，监生。

李元贤 男，小参村人，监生。

李元珠 男，小参村人，监生。

李　翰 男，小参村人，秀才。

李仕皋 男，小参村人，监生。

李　玉 男，小参村人，监生。

李成园 男，小参村人，贡生。

李仕栋 男，小参村人，贡生。

李仕熏 男，小参村人，监生。

李绐祖 男，小参村人，监生。

李鹤鸣 男，小参村人，监生。

李德裕 男，小参村人，监生。

李晖廷 男，小参村人，秀才。

李国香 男，小参村人，监生。

李博明 男，小参村人，监生。

李博杰 男，小参村人，监生。

李博伟 男，小参村人，监生。

李大鎏 男，小参村人，秀才。

李仰贤 男，小参村人，举人。

李炳文 男，小参村人，举人。

李樟材 男，小参村人，秀才。

李培材 男，小参村人，秀才。

李　琏 男，小参村人，秀才。

李蔚青 男，小参村人，贡生。

李广运 男，小参村人，武秀才。

官职：

李春高 男，小参村人，冠带大宾。

李首开 男，小参村人，特授定南参正堂。

李大授 男，小参村人，钦宾。

李　藻 男，小参村人，九品官。

李昌谟 男，小参村人，县左堂。

李秀芳 男，小参村人，九品官。

李言宾 男，小参村人，七品官。

李碧林 男，小参村人，六品官。

李芳模 男，小参村人，县丞。

李国材 男，小参村人，清朝光绪年间任和平、龙川、定南三县千总。

李广运 男，小参村人，清朝太平天国时期贝岭、细坳农民起义军首领。

1. 李广运

李广运（1824—1864年），又名李博尧，男，小参村人。晚清时期的武秀才，因不满清朝黑暗统治，于清咸丰年间响应太平天国领袖洪秀全在广西金田起义的号召，在贝岭、细坳、上坪边区组织一支几百人的农民起义队伍，以贝岭地区为中心，进行公开革命活动，杀富济贫并在贝岭河边建筑碉堡（后人称该地为将军寨）与清军激战，起义军不断壮大，尔后起义军称李广运为李秋王。贝细农民起义斗争活动历时三个多月，终因清政府镇压失败而告终，起义军首领李广运在贝岭将军寨被清兵杀害。他在小参村竹山口的房屋亦被清兵烧毁，现存该房屋遗址。

2. 李国才

李国才（1862—1934年），清光绪十八年（1892年），李国才出任和平、龙川、定南三县把总，正六品武官。清光绪三十四年（1908年）卸甲回乡。用多年俸禄积蓄于宣统二年（1910年）在细坳黄龙至和平长塘渡口边兴建排石市场（排石街），由于当地人气不旺，难以经营，于1920年排石街市场歇业后，回小参街开店经营。1924年与李云山组建五兴龙农民协会，1934年病故，葬于小参古街背。

第三节　民国时期（1912—1949年）人物

学业：

李常青，男，小参村人，老学究，文章、诗对超群，以办私塾，教四书五经、旧礼教而闻名。

李云山，男，小参村人，1924年在广州农民运动讲习所学习。

官职：

李言宾　男，小参村人，和平县县长。

李云山　男，小参村人，孙中山委任为粤军第十支队司令。

李兆群　男，小参村人，定南县县长，民国军队团长。

李献清　男，小参村人，民国军队营长。

李献瑾　男，小参村人，民国军队教官。

李　德　男，小参村人，民国军队营长。

李　谦　男，小参村人，民国军队营长。

李顺垣　男，小参村人，民国军队营长。

李均华　男，小参村人，民国军队连长。

李和青　男，小参村人，民国军队连长。

李月新　男，小参村人，民国军队连长。

李明文　男，小参村人，龙川县第五区（贝岭）区长。

李和铣 男，小参村人，贝岭小学校长。

李宏章 男，小参村人，龙川县细坳乡副乡长。

李蔚章 男，小参村人，龙川县政府田赋处主任。

李春亮 男，小参村人，龙川县细坳乡副乡长。

李良才 男，小参村人，边纵东二支一团三营九连连长。

李云山

李云山（1890年—1935年11月），曾用名李协林，男，系小参村龙井背人，出生于1890年，逝世于1935年11月，享年45岁。他在大革命时期跟随孙中山参加国民革命运动。1924年1月在广州农民运动讲习所学习，是广州农民讲习所第一期学员，并于同年4月受孙中山大元帅接见。此后，他积极筹资捐输国民革命运动，并被大元帅孙中山委任以“东江第十支队游击司令”，协助讨伐粤东陈炯明部。与此同时，大元帅孙中山令他与黄觉群、黄日初等到龙川筹建国民党龙川县党部。他在国民党1925年11月召开的龙川第一次代表大会上，当选为国民党龙川党部执行委员会的执行委员，并在国民党1926年5月召开的第二次代表大会上当选为国民党龙川县党部商民部部长。随后，他积极指导开展农民运动，在家乡小参村成立“五、兴、龙小参农民协会”与地主豪绅进行斗争，开展“二五”减租减息。他的功绩在《东江党史》《龙川党史》《龙川县志》均有记载。

为纪念他，县、镇拨款和捐款一万多元，由细坳镇人民政府于1995年9月在李云山家乡小参村兴建李云山先生纪念碑，龙川县人民政府副县长李红艺题写碑名。

（2004年出版《细坳镇志》）

第二章　现代人物（1949年10月—　）

第一节　抗日战争时期收留的难民和参加革命工作离退休人员

李见贤

李见贤（1927—2016年） 原名黄进，1927年出生于丰顺县北斗镇，1939年潮汕地区沦陷，父母带其兄弟三人往粤赣古道逃难，母亲在途中病亡，黄进被小参村救亡人士李明文收为养子，改名李见贤。李见贤白天干农活，晚间常与村中读书人往来并学习。1945年初见贤娶亲，年底生育男孩取名为李德有，见贤有家室后更加认真读书。1945—1948年自学完成初中、高中课程，考取中山大学就读，其间参加地下学联活动，加入中国共产党。1952年于中山大学毕业后留校任教，曾任地理系助教、副教授、教授、系主任等职，1989年厅级干部离休。

他长期从事丹霞地貌等研究，发表论著120篇（部），是中华人民共和国杰出的地质学家，被评为“全国先进工作者”，1956年发明的立体绘图仪被教育部命名为“李见贤尺”，受到毛泽东、刘少奇、周恩来、朱德等国家领导人接见。

李维山

李维山（1931年—　） 潮汕地区沦陷期间，于1941年随母亲逃亡至小参圩边露宿，被小参村抗日救亡人员李俊光收留并认作义子抚养成长，在小参村读了几年私塾，学完小学学业。

1949年5月边纵东二支二团三营在小参村招兵时，报名参加中国人民解放军，跟随九连李良才连长参加攻打上坪、鹅公、天花、定南及解放广州的战役。广州解放后被安排在广州公安部队工作，1950年朝鲜战争爆发，报名参加中国人民志愿军赴朝鲜作战，朝鲜战争结束后被安排在广州市锁厂工作，1991年办理离休。

李德初

李德初（1935年—　　） 原名谢少东，出生于大埔茶阳镇。1939年潮汕沦陷时，谢少东不足5岁，随其父讨饭流浪至小参村，被抗日救亡人员李明文收留为孙（作为李见贤继子）抚养，改姓名为李德初。作为父子关系，李见贤与李德初年龄相差仅八岁，他俩没有抱怨，相依为命，相互照应，关系密切。

李明文供李德初念初中后，家庭负担越来越重，既要供养子李见贤上中山大学及孙子李德有上小学，紧接着又要考虑继孙李德初成家立业。于是李明文说服宗亲李运来夫妇收养李德初。

李德初于1958年考入湖北医学院（五年制）就读，大学毕业后应征入伍，被分配到武汉军区总医院，历任医师、主治医师、副主任医师、主任医师，1985年部队裁军转业到广东省人民医院任主任医师，1995年退休。

李惠灵

李惠灵（1937年—　　） 原姓何。1943年广州沦陷，父亲何清民病逝，母亲郭贵珍无依无靠，带着不足七岁的儿子沿粤北古驿道逃亡至细坳小参圩，被抗日救亡的好心人李和炎收留落户。从此何姓改为李姓，名为惠灵。

李惠灵于1954年参加中国人民解放军，在部队积极上进，加入中国共产党，历任班长、副排长、排长等职，立三等功一次。1960年转业在龙川县人民医院工作，然后曾调至贝岭供销社、岩镇公社、细坳镇政府工作，历任资料员、统计员、统计助理员等职，获得统计师职称，1987年、1988年连续两年被评为广东省统计系统先进工作者，1999年退休。

第二节　解放战争时期参加革命工作离退休及退职人员

一、 外地人

戴梅康　龙川县人，中国共产党党员，1949年5月受边纵东二支二团委派随朱文和与蓝梅昌一起到细坳组建九连，担任三营九连指导员，与李良才连长一起带领九连参加解放龙川县龙母、上坪、江西定南的战役。随后李良才、戴梅康两人继续率领九连，随南下部队参加解放河源、惠州、博罗、广州的战役。

蓝梅昌，见245页

二、本村人

李良才
（三营九连连长）

李良才（1908—1997年） 小学文化，在1949年5月边纵东二支二团，刘波政委派朱文和、戴梅康、蓝梅昌到贝岭、细坳扩大武装力量时，他积极主动与朱、王、戴、蓝等四位中共地下党员接触，研究商量扩编武装队伍。1949年5月，边纵东二支二团在贝细地区建立三营，李良才被任命为九连连长（当时九连全为小参人，县史志称小参连），中国共产党党员王援传、戴梅康为连指导员、中国共产党党员蓝梅昌为副连长。九连在小参村竹园围正式成立。

李良才、戴梅康率领九连参加龙母、上坪、鹅公战斗，人数发展到140多人。1949年8月随南下大部队参加解放河源、惠州、广州等战役。九连组建时有很多兄弟兵、父子兵，年龄大的、年龄小的被动员回乡，每次战斗结束后均有骨干留在当地工作。广州解放时，九连有60多人留在广州公安总队（后改为广州市公安局）工作。

中华人民共和国成立后，李良才被安排在龙川县供销社工作（职工），1979年退休。

李龙汉
（九连三排排长）

李龙汉（1924—1997年） 小学文化，1949年5月边纵东二支二团三营到小参招兵扩大武装力量时，他动员村民报名参军，协助九连招兵，九连成立时被边纵东二支二团任命为三排排长。

李龙汉任三排排长期间，随九连会同南下部队参加解放定南、鹅公、兴宁、河源、老隆、惠州、广州等战役。1952年退伍被安排在龙川县二轻局细坳车衣社工作（职工），1985年退休。

李发杨

李发杨（1930—2015年） 小学文化，中国共产党党员。1949年5月边纵东二支二团三营在细坳扩编武装力量时入伍，编入九连一排，跟随九连参加解放定南、鹅公、兴宁、河源、老隆、惠州、广州的战役。

中华人民共和国成立后，被安排在广州公安部队，后转广州市公安局工作。“文化大革命”期间，公检法受冲击，政法部门停止运作。他被调到广州市肉食加工厂工作。“文化大革命”结束后，公检法工作人员归队，他被调到广州市检察院工作，先后任副科长、科长、副处长等职，1990年办理离休（处级）。

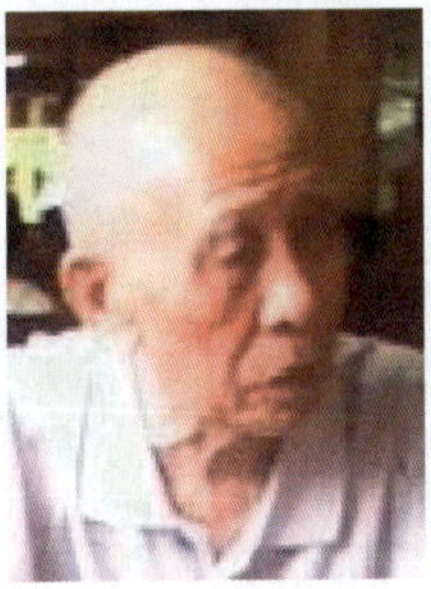
李镜明

李镜明（1932年—　） 小学文化，中国共产党党员。他不满15岁时就参加小参游击队进行革命斗争。1949年5月边纵东二支二团三营将小参游击队整编为九连时，他主动要求留队，被分配到一排任战士，随排长李立生一起战斗，直到广州解放。

广州解放后，历任海珠区南华西街派出所副所长、所长，广州市海珠区委统战部科长、副处长、处长，1990年离休（处级）。

李月炎

李月炎（1924—2011年） 小学文化，中国共产党党员。1949年5月边纵东二支二团三营在小参招兵时，李月炎在李龙汉动员下与李成明、李成柱（兄弟）、李良锦一起报名参军，编入一排，历经龙母、上坪、鹅公战斗和解放定南、兴宁、河源、惠州、广州等战役。

广州解放后，留广州公安总队继续服役。公安总队改为广州市公安局后留在广州市公安局工作，历任副科长、科长、副处长、处长等职，1990年处级离休。

李贤华

李贤华（1930—1997年） 小学文化，中国共产党党员。在1949年5月边纵东二支二团三营扩大武装力量时，主动报名参军，被分配到三营九连任战士，随九连参加龙母、上坪、鹅公、天花的战斗，并随九连参加解放定南、兴宁、河源、惠州、广州的战役。广州解放后留广州公安总队继续服役。曾任中央政法干部学校警卫、班长，广州市档案局、蔬菜公司、医药工业局干部，历任股长、科长、副处长，1983年处级离休。

李炳华

李炳华（1931年—　　） 小学文化，1949年5月边纵东二支二团三营在小参村招兵时参军，分配在九连任文化教员，随九连参加龙母、上坪及攻打鹅公的战斗，并随南下大部队参加解放兴宁、河源、惠州、广州的战役。广州解放后，曾在广州公安部队、广州市道路工程公司工作，1978年调回广州市公安局工作，先后任副科长、科长、副处级侦察员等职，1991年离休。

李海标

李海标（1932年—　　） 小学文化，中国共产党党员。1949年5月边纵东二支二团三营在小参村招兵时参军，分配在九连任战士，并随九连参加各种战役。广州解放后在广州公安部队服役，后调到湖南省军区长沙县武装部、长沙市军分区工作，历任副科长、科长（副团职）。1985年转业在华南师范大学任武装部部长，1992年处级离休。离休后组织安排继续留任华南师范大学关工委工作。

李良锦

李良锦（1931—2012年） 小学文化，中国共产党党员。1949年5月报名加入边纵东二支二团三营九连，随部队参加解放定南、老隆、兴宁、河源、惠州、广州等战役。广州解放后在广州公安部队（广州市公安局）工作，“文化大革命”期间受冲击，调到广州市木材公司工作，历任采购员、副科长、科长等职，1981年办理离休。

李和添（1931—1966年） 小学文化，中国共产党党员。1949年5月加入边纵东二支二团三营九连，随部队参加解放定南、老隆、兴宁、河源、惠州、广州的战役。广州解放后编入广州公安部队（广州公安局），先后任广州市上下九路派出所干警、北京路派出所副所长、指导员等职。“文化大革命”期间受迫害而死，1980年平反昭雪。

李　豪

李豪（1926—2013年） 曾用名李煜华，小学文化。1949年5月加入边纵东二支二团三营九连，随部队参加解放定南、老隆、兴宁、河源、惠州、广州的战役。广州解放后被分配到海丰县供销合作社及教育战线工作，1986年离休（科级），离休后被海丰县职业学校聘任为校长。

李德生

李德生（1921—2004年） 曾用名李效牧，小学文化，中国共产党党员。1949年5月边纵东二支二团三营九连在小参村招兵时，他四兄弟踊跃报名参军，随九连参加攻打上坪、鹅公等战役。在解放兴宁后留在当地参加土改工作，中华人民共和国成立后一直在梅州市粮食系统工作，1981年办理离休（副处）。

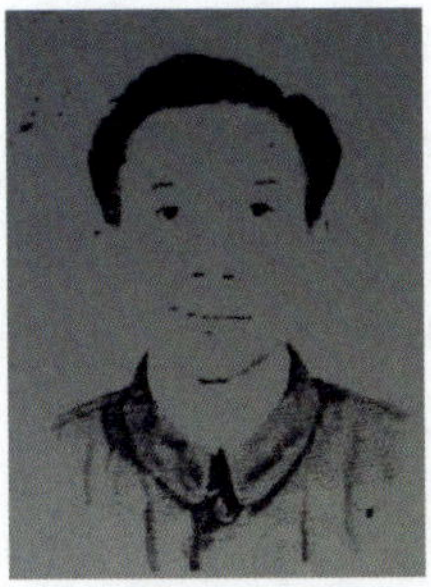
刘思汉

刘思汉（1924—2003年） 小学文化。1949年5月在小参报名参加边纵东二支二团三营九连。入伍后，参加攻打天花圩、鹅公、上坪、龙田等战斗，并随九连南下参加解放河源、惠州等战役，惠州解放后留在博罗县参加土改工作，土改结束后留在博罗县公庄镇政府工作，1984年办理离休（股级）。

李果美

李果美（1923—2001年） 小学文化，中国共产党党员。1949年5月边纵东二支二团三营在小参村招兵时报名参军，分配在九连任战士，跟随九连参加攻打天花圩、鹅公街、上坪、龙田、老隆、河源、惠州、广州等战役。广州解放后，被分配回细坳小学任教，1983年办理离休。

李之清

李之清（1926年—　） 曾用名李顺天，小学文化，中国共产党党员。1949年5月边纵东二支二团三营在小参村招兵时报名参军，九连战士，随部队南下参加解放广州战役。同年10月在广东省军事接管委员会金融处工作，先后在人民银行任科员、主办科员、副科长、科长、会计处副处长、金管处副处长、处长等职，高级经济师职称，1986年离休。

李子林（1922—1997年） 小学文化。1949年5月边纵东二支二团三营在小参招兵时加入三营九连，随九连参加解放定南、老隆、兴宁、河源、惠州、广州的战役，广州解放后在广州公安部队任职，“文化大革命”期间调到广州市锁厂工作，1981年办理离休。

李成柱

李成柱（1921—1997年） 小学文化，中国共产党党员。1949年5月边纵东二支二团三营在小参招兵时，他与兄长李成明报名参军，随边纵九连参加解放广州战役。广州解放后，被分配到龙川县供销社工作，先后在细坳、贝岭供销社工作。1985年离休。

李运梅（1927—1998年） 小学文化，1949年5月参加边纵东二支二团三营九连，随九连参加天花、鹅公和解放定南等战役，定南解放后，留定南供销社工作。1963年被调回龙川供销社，被安排在细坳供销社工作，1986年离休。

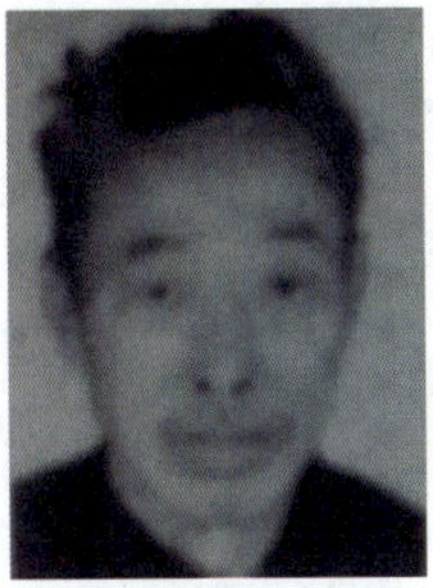
李松华

李松华（1921—1996年） 小学文化，1949年5月参加边纵东二支二团三营九连，随九连参加解放定南、老隆、河源、广州等战役。1953年在贝岭区永安村参加土改。1954年在岩镇木材收购站工作。1956年在上坪木材收购站工作。1970年调到岩镇木材收购站工作。1973—1983年在细坳木材收购站工作。历任木材站检尺员、业务主办等职。1983年在细坳木材站办理离休。

李华益

李华益（1926—2005年） 曾用名李华一，1949年5月参加边纵东二支二团三营九连，入伍后随九连参加过解放定南、江西“乌鸦寨”“穆湖”以及广东上坪的战役。1950年考入南方大学，毕业后分配到韶关市英德县劳教所工作。1968年调到国营广东省杨村华侨柑桔场工作，历任科员、副科长、科长等职。

李顺和

李顺和（1933—1981年） 中国共产党党员，1949年5月参加边纵东二支二团三营九连，入伍后随九连参加过解放定南、江西“乌鸦寨”“穆湖”以及广东上坪的战役。1950年考入南方大学，毕业后分配在韶关市仁化县公安局工作，历任派出所所长、指导员等职。

李金凤（1923—1985年） 文盲，中国共产党党员。1949年5月参加边纵三营九连，随九连南下参加解放广州战役，中华人民共和国成立后，朝鲜战争爆发，1950年参加中国人民解放军赴朝鲜作战，荣立三等战功二次、二等战功一次，朝鲜战争结束后被安排在韶钢工作，因没文化自行辞职返乡。1958年至1983年在细坳公社小参小学任炊事员，1983年冬年满60岁退职，1985年病逝。

李良文

李良文（1921—1998年） 小学文化，1949年5月参加边纵东二支二团三营九连，随九连南下参加解放广州战役，中华人民共和国成立后，退役回乡参加土改后在家乡务农。1963年至1983年在细坳公社企业办任会计，1983年满60岁退休。由于工作需要继续留用在公社电影院协助管理工作，1985年冬电影下放承包后，回乡养老，1998年冬去世。

李石才，见219页

黄惠仙，见218页

李森章，见220页

李　常，见220页

李良新，见219页

第三节　大中专毕业生名录

姓名	性别	出生时间	毕业院校	工作单位	备注
李巧威	女	1982年	郑州畜牧工程学院		一队
李　玲	女	1992年	广东医科大学	龙川县人民医院	

（续上表）

姓名	性别	出生时间	毕业院校	工作单位	备注
李　珑	男	1994年	惠州学院	福建厦门	一队
李学贤	男	1948年	广东老隆师范学校	细坳中学	二队
李德标	男	1956年	嘉应大学（函授）	河源市旅游局	
池静銮	女	1962年	广东省党校（函授）	河源市城市管理监察支队	
李银波	女	1973年	广东老隆师范学校	麻布岗中学	
钟小英	女	1973年	北京师范大学远程教育（本科）	广州市检察院	
李姗佑	女	1984年	湖南女子大学	河源市第一中学	
李姗君	女	1984年	湖南涉外大学	河源市文化市场综合执法支队	
李锦煌	男	1984年	湖南郴州商学院	自谋职业	
李小玲	女	1988年	韩山书院（本科）	龙川县实验中学	
李　练	男	1988年	广东财经大学华商学院（本科）	深圳	
李继贤	男	1990年	仲恺农业工程学院（本科）	深圳市丰景景观与建筑设计有限公司	
李　健	男	1993年	华南师范大学	乐昌市国土局	
李宗源	男	1995年	广东信息工程职业学院	河源市高新区	
李碧园	女	1995年	深圳大学（本科）	深圳市智维知物流有限公司	
李继炜	男	1996年	珠海城市职业技术学院	深圳就业	
李继崇	男	1999年	广东交通职业技术学院	广州	

（续上表）

姓名	性别	出生时间	毕业院校	工作单位	备注
李言宾	男	1898年	广东政法大学	民国和平县长	三队
李煜华	男	1926年	中山大学	海丰县商业局	
李海成	男	1940年	湖北医学院（大学本科）	中华人民共和国湛江卫生检疫所	
李振昌	男	1955年	中山医学院	黄埔出入境检验检疫局	
李维忠	男	1968年	深圳大学	深圳市	
李艺东	男	1969年	中山大学（自考本科）云南大学（在职硕士研究生）		
李登科	男	1984年	中山大学	东莞三星视界	
李树霞	女	1985年	华南师范大学	广州市粤景集团	
李财基	男	1987年	广州金融学院	深圳市鹏基五金弹簧有限公司	
程世梅	女	1988年	安康电子技术学院	东莞三星视界	
李逸婷	女	1994年	广东省外语学院	广州市设计院	
李史芳	女	1995年	深圳职业技术学院	深圳市	
李泰萱	男	1998年	广东工业大学	在读	
李发先	男	1934年	江西省赣州市师范学院	龙川县贝岭中学	四队
李运良	男	1955年	广东老隆师范学校	细坳镇教育办公室	
李爱东	男	1958年	广西民族学院	惠州市麦科特集团有限公司	
邹菊英	女	1960年	龙川霍山卫校	龙川县侨务办	
李良友	男	1962年	龙川县教师进修学校	细坳镇中心小学	

（续上表）

姓名	性别	出生时间	毕业院校	工作单位	备注
杨满娇	女	1968年	广东广播电视大学	细坳镇中心小学	四队
何雪玲	女	1977年	广东广播电视大学	东莞市世新皮革有限公司	
李　明	男	1977年	惠州大学（本科）	惠州市第七中学	
李小焱	男	1979年	南昌大学计算机信息管理（大专）	广东中弘工程建设有限公司	
陈春玲	女	1979年	湖南长沙理工学院	广东中弘工程建设有限公司	
李　慧	女	1980年	广东省中山医学院	龙川县中医院	
李小东	男	1980年	嘉应学院	深圳市深展鸿建筑材料有限公司	
李　泓	女	1982年	广东省技术师范大学（本科）	广东省检验检疫局	
李华灯	男	1984年	韶关电脑学校	深圳市经商	
李华敏	女	1986年	广东医科大学	东莞市东华医院	
李姝媛	女	1987年	惠州学院（本科）	深圳福田区梅丽小学	
罗嘉媚	女	1988年	广东科技学院	深圳创亿建设有限公司	
李　婷	女	1988年	广州中医科学院	龙川县中医院	
邹蓉杏	女	1990年	广东第二师范学院（本科）	河源市第二中学	
李志翔	男	1991年	广东工业大学（本科）	深圳市蜂群文化传媒有限公司	
李莹彬	男	1992年	新西兰奥克兰理工大学	深圳	
李贵彬	男	1993年	广东岭南技术学院	深圳	
李立浩	男	1994年	东莞理工学院（本科）	中国移动通信集团深圳分公司	

（续上表）

姓名	性别	出生时间	毕业院校	工作单位	备注
何丽冰	女	1994年	广东第二师范学院（本科）	深圳前海人寿幸福之家	四队
李金涛	男	1999年	中国人民大学（本科）	在读	
李　俊	男	2000年	华联私立学院	在读	
李之清	男	1926年	南方大学（本科）	中国人民银行广州分行	五队
李顺和	男	1927年	南方大学（本科）	韶关仁化商业局	
李顺庭	男	1930年	广东潮安农干校	龙川县细坳镇政府	
李日光	男	1932年	江西省共大（大专）	龙川县细坳供销社	
李石才	男	1934年	石家庄军校	龙川县细坳镇政府	
石璞玉	女	1935年		广州市白云区新市镇政府	
李亲贤	男	1942年	江西省共大（大专）	江西崇义县过埠供销社	
李玉兰	女	1954年	重庆西南外语学院	深圳九龙海关	
李良平	男	1956年	韶关市党校（大专）	仁化县民政局	
施幸映	女	1959年	韶关市卫校	仁化县人民医院	
李志锋	男	1965年	中山大学（函授专科）	细坳镇中心小学	
李宝红	男	1966年	深圳工业学院	深圳汽车企业	
李志忠	男	1968年	中共中央党校函授学院（本科）	广东京兰教育产业文化发展有限公司	
李海英	女	1968年	广东老隆师范学校	龙川县信访局	
李永红	女	1969年	深圳财经学院	华强电子公司	
李庆华	男	1971年	华南师范大学（本科）	惠州仲恺区潼侨红岗小学	

（续上表）

姓名	性别	出生时间	毕业院校	工作单位	备注
黄秀民	女	1972年	佛山医学院（大专）	仲恺区黄秀民诊所	五队
叶葱葱	女	1975年	梅州财经学校	深圳科技园	
李冬剑	男	1982年	广东警官学校（本科）	广东空警三支队	
孔源源	女	1982年	广东外语外贸大学	南方航空股份有限公司	
李剑波	男	1985年	广东揭阳师范大学	深圳龙岗龙洲学校	
李丽霞	女	1989年	广东海洋大学	龙川第一实验学校	
李志华	男	1991年	山东省临沂大学	龙川县隆师中学	
李楠芳	女	1994年	广东岭南职业技术学院外语外贸学院	深圳福田区外贸公司	
李秀梅	女	1995年	华南师范大学（本科）	深圳	
李艺翠	女	1997年	广东南方职业学院	安踏体育用品有限公司	
李兆颐	女	2000年	暨南大学	在读	
李国强	男	1978年	中央广播电视大学	百胜餐饮（深圳）有限公司	六队
李淑燕	女	1980年	河源市卫校	东莞市南城人民医院	
李天奎	女	1982年	中央广播电视大学	深圳市科翰工程机械有限公司	
李　英	女	1983年	广州中医药大学	华源药房、德济堂药店	
李惠娴	女	1983年	兴宁市育才艺术学校（中专幼师）	深圳市科翰工程机械有限公司	
石丰享	女	1983年	湖南中医药大学	深圳大药房	

（续上表）

姓名	性别	出生时间	毕业院校	工作单位	备注
李菊威	女	1985年	中央广播电视大学	景鸿永昶地产有限公司	六队
李菊桂	女	1986年	云南师范大学商学院	东源县检察院	
李蜜群	女	1988年	广东工业大学	北京中基众合国际技术服务有限公司深圳分公司	
李蜜彩	女	1990年	广东广播电视大学	广州中长税明财务咨询有限公司	
李蜜花	女	1991年	广东医科大学	深圳出入境边防检查总站医院	
李　盼	女	1996年	广东医科大学	广州开发区医院	
李德林	男	1997年	广东文理学院	在读	
李金珠	女	2000年	华南师范大学	在读	
李红梅	女	1978年	本科	深圳	七队
李彩云	女	1980年	本科	深圳	
李丽芬	女	1980年	函授本科	龙川金安中学	
李峰凌	女	1981年	华南理工大学	深圳	
李　斌	男	1983年	广东工业大学	深圳	
李丽君	女	1984年	大专	河源	
李晓莹	女	1987年	本科	深圳	
李思铭	男	1994年	大专	深圳	
李秋燕	女	1994年	广州城市职业学院	广州海珠思学微塾教育机构	
李书娟	女	1995年	广州铁路职业技术学院	广州地铁集团有限公司	

第四节　其他人员名录

一、中级以上职称人员

姓名	性别	出生时间	工作单位	职称	备注
李见贤	男	1927年	中山大学	教授	
李海成	男	1940年	中华人民共和国 湛江卫生检疫所	主治医师	
李镜成	男	1941年	湛江市人民医院	主治医师	
李文娇	女	1946年	龙川县中医院	护理师	
李学贤	男	1947年	细坳中学	高级教师	
李锦尧	男	1947年	龙川县爱卫办公室	主治医师	
李万波	男	1948年	小参小学	高级教师	
李新秀	女	1949年	细坳卫生院	助产师	
张惠明	女	1950年	中学	高级教师	
李运良	男	1955年	细坳镇教育办公室	高级教师	
李振昌	男	1955年	黄埔出入境检验检疫局	副主任医师	
李德标	男	1956年	河源市旅游局	研究员 高级政工师	
李继成	男	1957年	小参小学	高级教师	
施幸映	女	1959年	韶关市仁化县人民医院	护理师	
李树英	女	1961年	细坳镇中心小学	高级教师	
李良友	男	1962年	细坳镇中心小学	高级教师	

（续上表）

姓名	性别	出生时间	工作单位	职称	备注
李培泉	男	1962年	小参小学	高级教师	
李志成	男	1962年	张田小教	高级教师	
李志锋	男	1965年	细坳镇中心小学	高级教师	
李贤文	男	1967年	张田小学	高级教师	
李志忠	男	1968年	广东京兰教育产业文化发展有限公司	中　级	
杨满娇	女	1968年	小参小学	高级教师	
李银波	男	1969年	麻布岗中学	高级教师	
李艺东	男	1969年	河源职业技术学院	馆员	
李育英	女	1970年	细坳镇中心小学	高级教师	
李庆华	男	1971年	惠州仲恺区潼侨镇红岗小学	高级教师	
黄秀民	女	1972年	惠州仲恺区潼侨镇黄秀民诊所	主治医师	
杨雪萍	女	1972年	细坳镇中心小学	高级教师	
李艺雪	女	1972年	细坳镇小教	高级教师	
李仲英	女	1976年	细坳镇中心小学	高级教师	
李彩云	女	1977年	深圳小教	高级教师	
李　明	男	1977年	惠州市第七中学	高级教师	
李红梅	女	1978年	深圳小教	高级教师	
李小焱	男	1979年	广东中弘工程建设有限公司	工程师	

（续上表）

姓名	性别	出生时间	工作单位	职称	备注
陈春玲	女	1979年	广东中弘工程建设有限公司	工程师	
李　慧	女	1980年	龙川县中医院	主治医师	
李丽芬	女	1980年	龙川金安中学	中级教师	
李菊威	女	1983年	景鸿永昶地产有限公司	会计师	
李　英	女	1983年	华源药店德济堂药店	药剂师	
李姗佑	女	1984年	河源市第一中学	中学一级教师	
李姗君	女	1984年	河源市旅游局	经济师	
李华敏	女	1986年	东莞市东华医院	护　师	
李晓莹	女	1987年	深圳中教	中级教师	
李姝媛	女	1987年	深圳福田区梅丽小学	中级教师	
李小玲	女	1988年	龙川县实验中学	中学一级教师	

二、从医人员名录

李锦尧　李新发　李玉凤　李务连　李良娇　李长青　李惠英　李金标
李伟平　李仕英　李剑锋　刘月秀　卢球娣　卢来英　徐贱凤　李玉凤
李务连　李月彩　李玉筹　袁梅芳　李少燕　李良勇　刘金娥　杨秀梅
黄秀民　李　慧　李　婷　李华敏　李振昌　李海成　李镜成　李新秀
李文娇　李丽梅　李惠兰　李建民　李志权　李水燕

三、从教人员名录

李海文　李日华　李其佳　李才胜　李银章　李继成　李万波　李良英
李良昌　李良友　李日华　李光大　李学贤　李仰贤　李作连　李贤文

李运良 李志锋 李仲英 李培泉 杨雪萍 杨满娇 李海英 李育英
李艺雪 李银波 李志成 李新平 李雪梅 李雪花 李万红 李良标
李万来 李树英 李国贤 李晖荣 李晶亮 马赛明 邹菊英 杨丽佳
刘丽云 徐育红 刘小妹 杨丽琼 李丽萍 梁桂英 刘三妹 李海州
李小玲 李见贤 李桂添 张惠明 黄晓虹 李姝媛 李发先 邹蓉杏
李仕娣 李艺东 邹联芳 李莉芬 李晓莹 李红梅 李彩云

四、参加解放战争、抗美援朝战争人员名录

姓 名	性别	战争名称	参战时间（年.月）	离退单位	备注
李石才	男	解放战争	1949.5—1949.9.30	细坳镇镇政府	离休
		朝鲜战争	1950.10—1953.7		
李维山	男	解放战争	1949.5—1949.9.30	广州锁厂	离休
		朝鲜战争	1950.10—1953.7		
李金凤	男	解放战争	1949.5—1949.9.30	小参小学	退休
		朝鲜战争	1950.10—1953.7		

五、中国人民志愿军人员名录

李石才 李维山 李金凤 李敬禄 李兰生 李良奎 李金灵

六、参加中越自卫反击战（1979年）人员名录

李爱东 李满妹 李国光 李仕平 李振标 李德标 李志华

七、中华人民共和国成立后从军人员名录

一队：李金灵 李水万 李良新
二队：李德有 李惠灵 李玉城 李祥登 李德标 李满妹 李炳荣 李祥安
三队：李森章 黄惠仙 李石华 李发宏 李振标 李振平 李海明

四队：李德初　李万荣　李良昌　李爱东

五队：李国汉　李石才　李兰生　李秀章　李秀华　李国光　李良平　李志程　李金旺　李晟强

六队：李敬禄　李金凤　李良禄　李良平　李万远　李万源　李文广

七队：李良奎　李志林　李钦华　李维山　李清华　李志华　李仕平　李寿平　李志坚　李月新　李新红　李新丁

第五节　小参典型人物

一、小参第一

1. 第一位女镇长

李良英，细坳小参村人，1950年出生于小参村，高中文化。中国共产党党员。1970年8月起，历任小参大队辅导员、团支部书记、妇女主任。1973年11月至1993年3月，先后任细坳公社计生专干、龙川县妇联副主任、细坳镇党委常委、革委会副主任。1993年至1999年任细坳镇人民政府副镇长，1993年3月至2002年3月任细坳镇人大主席，2001年8月离岗退养（正科级）。

2. 第一对姐妹俩先后出任过小参村妇女主任

李良娇，1955年11月23日生，初中文化。1989年冬出任小参村妇女主任，1993年7月1日加入中国共产党，先后担任过村党支部委员、村委委员、村委副主任等职，2014年6月退休。

其姐李良英于1970年8月—1973年3月任小参村妇女主任职务。

3. 第一位女军官

李满妹，1956年5月出生，1974年高中毕业。1976年3月入伍，在中国人民解放军某军158医院服役，1977年入党，1978年10月参加某军两学标兵表彰大会，1978年1月，获三等功。1979年参加中越自卫还击战，10月提干。1983年转业到惠州市电影公司工作，2011年退休。

4. 第一位放映员

李博宏，生于1937年5月23日，初中毕业。1959年11月—1964年8月在贝岭电影队放映（其间:1960年2月—1960年10月在韶关专区电影培训班第四期学习）；1964年8月—1985年8月在龙川县细坳公社三端峰电站工作；1986年8月—2008年8月在小参村电影队放映（先8.75毫米机型、后16毫米机型）。

5. 第一位手扶拖拉机驾驶员

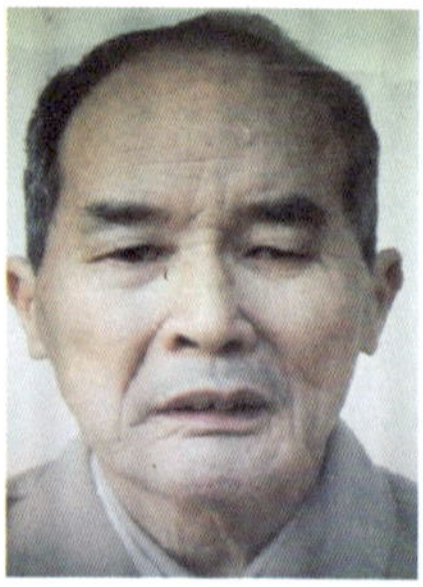

李开年，1937年出生，小参村第七生产队村民。20世纪60年代小参村第七生产队集体经济活跃，该生产队在1968年冬使用手扶拖拉机服务农业，是细坳公社较早使用手扶拖拉机的生产队。他被生产队社员大会推荐到龙川县农机学校培训驾驶手扶拖拉机，成为细坳公社第一个手扶拖拉机驾驶员。

6. 第一位汽车驾驶员

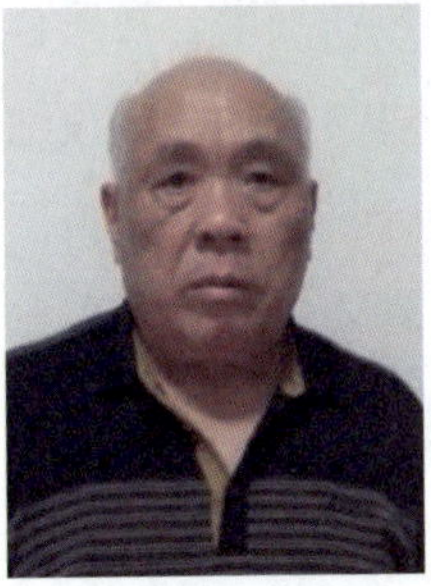

李万远，小学文化，中国共产党党员。于1969年12月入伍，在中国人民解放军第某军某师新兵训练，结束后被选派到汽车教导大队学习汽车驾驶，成为小参村第一个汽车驾驶员。1974年冬，退役后被安排在龙川县工业局第七四0厂工作。

7. 第一位外线电工

李桥金，1944年生，小学文化。在20世纪60年代中期，农电还没普及使用时，小参村经济状况稍好，于1968年接入细坳三端峰电站电网，他被派往龙川县供电部门学习外线带电作业技术，为小参村农户供电服务，是小参村第一个外线带电作业电工。

8. 第一位阅读“一目三行”奇才

李仕章（1921—2008年），小学文化。自小聪明伶俐，以书为友，有“一目三行”的阅读能力。饱读四大名著及《薛仁贵征东》《薛仁贵征西》等十几部历史小说。1949年5月，担任东二支二团三营九连二排排长等，随九连参加各场战役，全国解放后回乡务农，仍保持良好的阅读习惯，购买《毛泽东选集》和订购《南方日报》，在小参古街品茶说书，每天都有一帮人听他讲述历史故事和现代时事政治，村人称他是“历史百科全书”。

9. 第一位农机修理工

李维照，1938年出生，小学文化。1966—1970年在细坳公社采育场工作（实际工作是细坳公社毛泽东思想文艺宣传队）。1973年被细坳公社派到县农机厂脱产学习三个月，学习农村农业机械维修知识，学习结束后回细坳公社农机厂工作。1979年细坳公社农机厂撤销，李维照回小参村开店经营农业机械维修，是小参村第一个农机修理工。

10. 第一位万元户

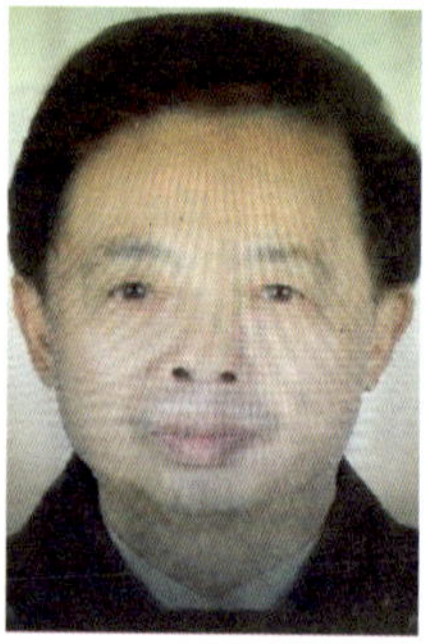

李仰贤，1938年出生，高中毕业。1963年起在小参小学任教。在改革开放初期，在政府倡导“一兵多能”“多职经营”“谁先富谁光荣、实现万元户”的勤劳致富的年代里，他率先办起养猪养鸡的家庭副业，1983年成为万元户，1984年被细坳公社推荐出席县“创业发家致富表彰大会”，被龙川县政府评为“万元户家庭”。于1988年在小参小学退休。

11. 第一位算盘计算能人

李敬宗（1933—2006年），小学文化。从小练就算盘计算能力，长期担任生产队会计工作，可三个人同时报数，他一个人算出得数。每月小参供销站盘点，三个人点物、报价，他快速无误计算出得数，当地人称他是“计算奇人”。

12. 第一位设计块状立体绘图仪

李见贤，见194页

13. 第一位小参村人出任细坳供销社主任（该村还有2人任过该职）

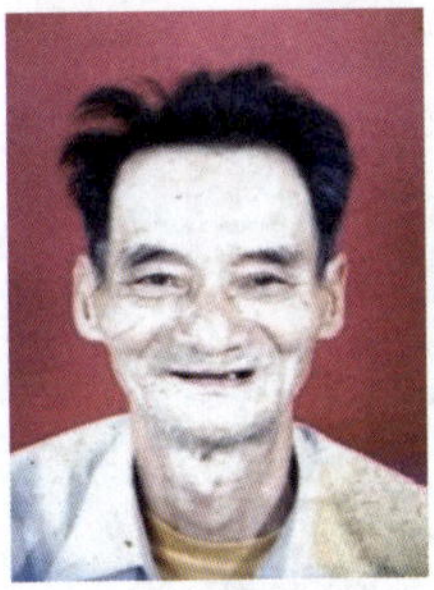

李神均，1931年2月出生，小学文化。1954—1957年在参前村初级社工作，1958年细坳成立公社，设立细坳供销合作社，他是第一位出任供销社主任的小参村人，1975—1980年任岩镇供销社主任，1981年调回细坳供销社任主任，1994年退休。

附：其他出任细坳镇供销社主任人员

李良昌，1957年2月出生，高中文化，中国共产党党员。1975年10月至1976年12月在小参小学任教。1977年1月入伍，在中国人民解放军某部服役，1982年10月退伍后在细坳镇小学任教。1988年7月起在细坳供销社工作，分别任副主任、主任等职，2017年2月退休。在工作期间四次被县供销社评为先进个人，是细坳镇第十届人代会代表，中共细坳镇第十一届、第十二届党代会代表。

李祥胜，1962年9月出生，高中文化，中国共产党党员。1983年参加细坳供销社工作，1998年任细坳供销社副主任，2018年起任主任。2018年、2019年连续被县供销社评为先进个人，是中共细坳镇第十一届党代会代表。

二、军警风采

1. 军警荣誉

黄惠仙

黄惠仙（1933—2016年），云南普洱市人，1948年参加云贵边纵小鬼队，1949年加入中国人民解放军某军39师通讯连。参加解放大西南战役，1953年7月复员随李成中（九连战士）回小参村安家，1968年起在细坳公社农科站工作，1987年退休，每月享受参战人员津贴及参战残疾补助。

出生年月 1933年4月
部　　别 [illegible]
职　　务 战　士
专业技术

获得中南军政委员会颁发的“解放华中南纪念章”一枚

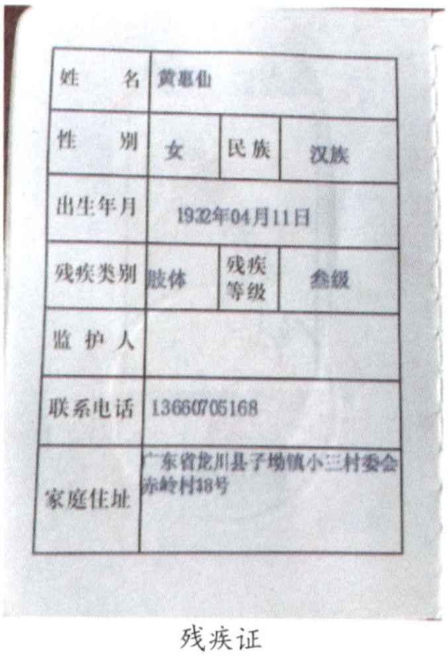

姓　名	黄惠仙		
性　别	女	民族	汉族
出生年月	1932年04月11日		
残疾类别	肢体	残疾等级	叁级
监护人			
联系电话	13660705168		
家庭住址	广东省龙川县子坳镇小三村委会赤岭村18号		

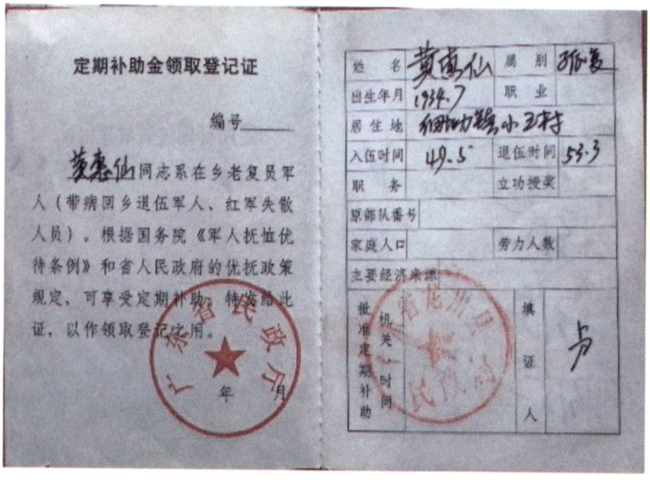

定期补助金领取登记证

编号______

黄惠仙同志系在乡老复员军人（带病回乡退伍军人、红军失散人员），根据国务院《军人抚恤优待条例》和省人民政府的优抚政策规定，可享受定期补助，特发给此证，以作领取登记之用。

广东省民政厅

年　月

姓　名	黄惠仙	属　别	孤复
出生年月	1934.7	职　业	
居住地	细坳镇小三村		
入伍时间	49.5	退伍时间	53.3
职　务		立功授奖	
原部队番号			
家庭人口		劳力人数	
主要经济来源			
批准定期补助	机关　时间	填证人	[illegible]

广东省龙川县民政局

残疾证

李石才

李石才（1934—2014年），中国共产党党员。1949年5月参加边纵东二支二团三营九连一排，随九连战斗到广州解放。广州解放后，留广州公安部队工作。1950年朝鲜战争爆发，他报名参加志愿军赴朝鲜作战，立战功4次。朝鲜战争结束后，被保送到解放军第九步兵学校就读，1959年转业到地方工作，先后在小参村支部、细坳公社、义都卫生院、麻布岗公社、细坳区公所工作，1987年离休。

李石才获得的军功章和纪念章

李良新

李良新（1928—1995年），小学文化，中国共产党党员，1949年5月参加边纵东二支二团三营九连，随九连南下参加解放广州战役。中华人民共和国成立后转为广州公安总队三团服役，历任班长，1953年复员回乡。1963年至1983年在细坳公社企业办任炊事员，1985年冬在细坳公社企业办退休。

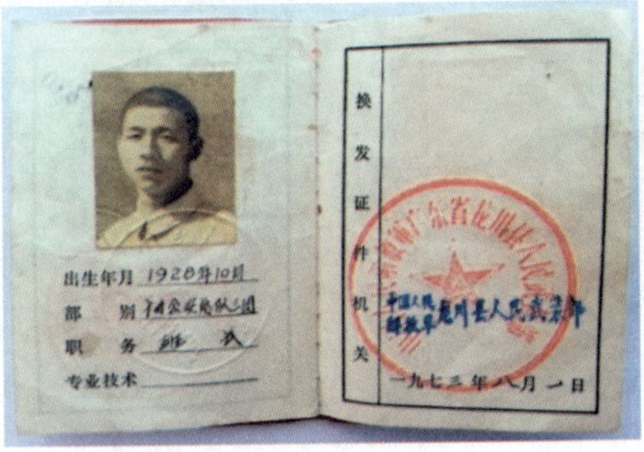

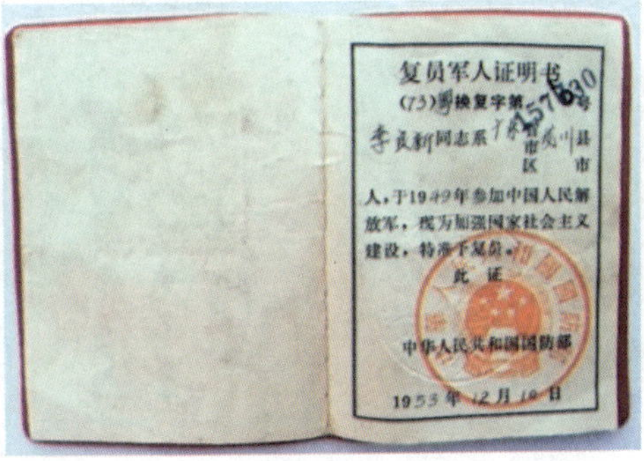

李常

李常（1930—2016年），曾用名：李耀中，小学文化。1949年5月边纵东二支二团在细坳招兵时，与父亲（李伴香）一起报名参军，随九连参加解放定南、老隆、惠州、广州等战役，1949年10月广州解放后调往广东公安总队第七团警通连服役，1956年3月退役后被安排在广东森林工业局工作，1958年森林工业局撤销，回乡务农。在部队服役期间多次获得参战纪念章。

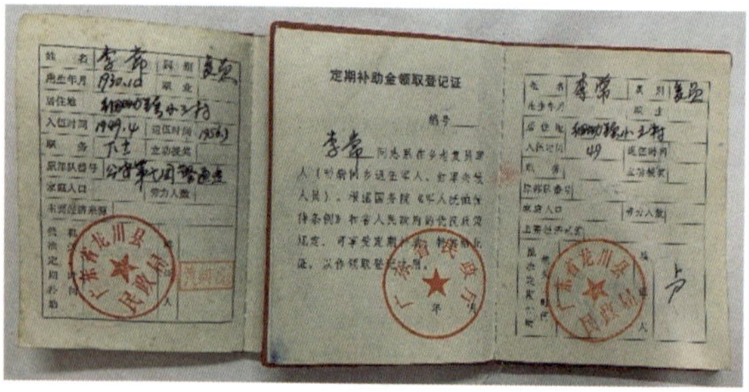

李常获得的参战纪念章

李森章

李森章（1922—2008年），小学文化。1949年在延安参加革命工作，中华人民共和国成立后，被安排在延安监狱姚家坡农场工作，在一次执行公务时摔伤致残，1963年携妻子回乡安家，每月享受姚家坡农场拨付的生活费直至去世。

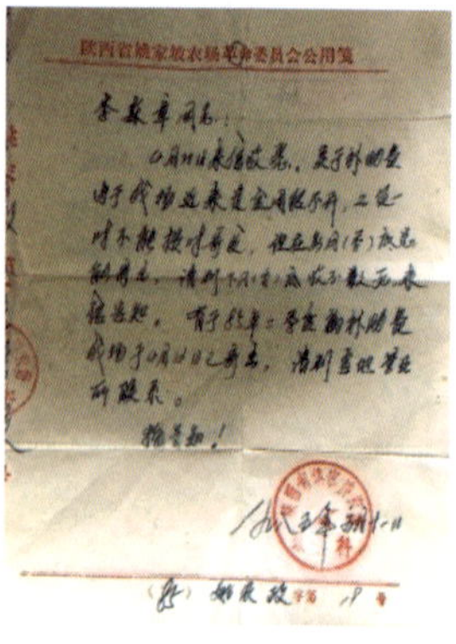

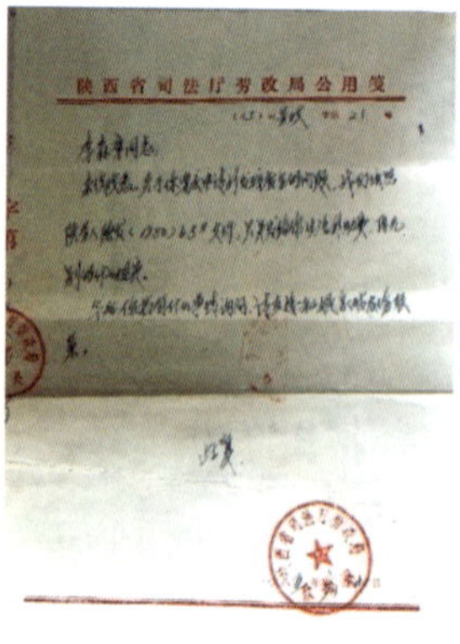

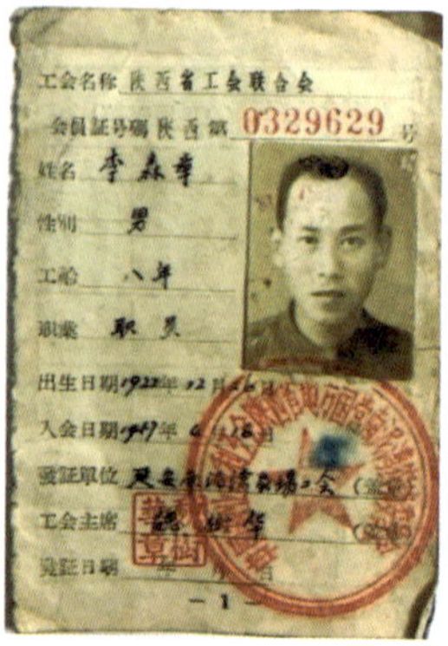

李国光

李国光，1954年9月出生，初中文化。1972年10月参加中国人民解放军某部，参加过对越自卫还击战，在部队服役八年，受嘉奖四次。1981年退役，在家乡务农。现每月享受参战人员生活补贴待遇。

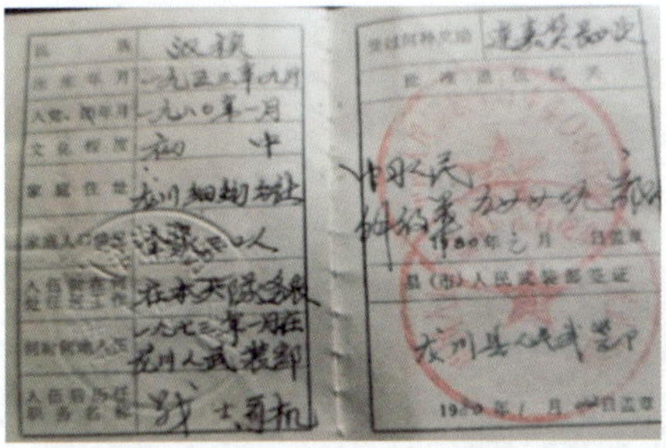

李仕平

李仕平，1955年9月出生，初中文化。1976年3月入伍，在中国人民解放军某部服役，1978年加入中国共产党，1979年2月参加对越自卫还击战。1979年、1981年受连队嘉奖各一次，1983年退役后，在家乡务农。现每月享受参战人员生活补贴待遇。

参加对越自卫还击战纪念章

1976年入伍与战友们的合影

退伍军人证明书

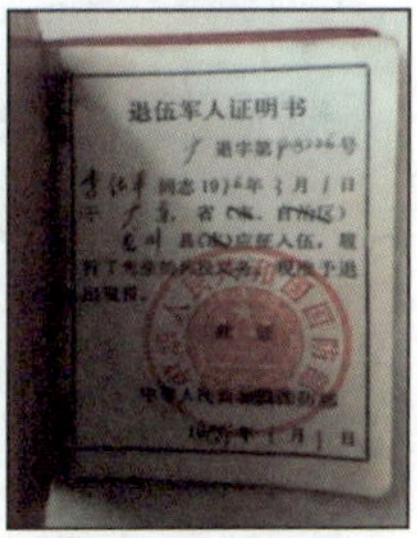

退伍军人证明书

李爱东

李爱东，1959年出生于小参村，大专学历。1976年3月应征入伍，1977年加入中国共产党，1978年提干。1979年参加对越自卫还击战。历任排长、副连长、副营长、营教导员，中校军衔。中共广州军区第六次党代会代表。在部队服役期间共计荣立三等功四次。其中，1985年4月在对越炮击作战中，荣立三等功一次。1993年转业在惠州市工作，2015年退休。

李爱东在部队服役期间四次获三等功，其中一次获战功

李爱东（前排中）与他营战友在训练场上合影

李满妹

李满妹，1956年5月出生。1976年3月入伍，在中国人民解放军某军158医院服役，1977年加入中国共产党，1978年立三等功一次。1979年参加对越自卫还击战，1979年10月提干。1983年转业到惠州市电影公司工作，2011年退休。

李满妹在部队服役期间获三等功一次

李文广

李文广，1974年出生，中专文化，中国共产党党员。1994年入伍，在中国人民解放军某部服役。在服役期间获得优秀士兵称号一次；1998年在湖北抗洪抢险中立三等功一次；1999年在教育训练时立三等功一次。

优秀士兵证章

三等功证章

李振标

李振标，1958年7月出生，中学毕业。1979年2月应征入伍，在广西边防师服役，1979年2月参加对越自卫还击战，1982年2月退役，退伍后一直在家乡务农。现每月享受参战人员生活补贴。

对越自卫还击战纪念品

李硕华

李硕华，1934年7月出生，小学文化。1956年3月应征入伍，在中国人民解放军海军某部服役，历任某舰机电员、副班长等职，参加过台湾海事战役。1960年1月退伍。1969年被安排在细坳公社企业办工作，1981年因体制改革撤销企业办后，回乡务农。现每月享受参战人员补贴待遇，在家安度晚年。

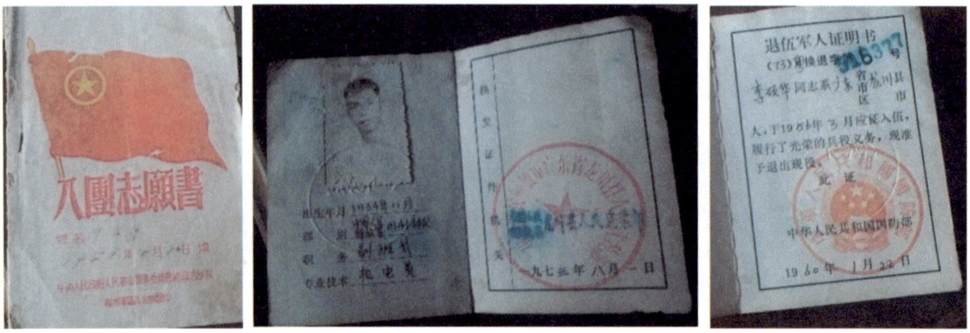

李志华

李志华，1956年9月生。1974年12月应征入伍，在中国人民解放军某部服役，历任机关机电员、电话班副班长、班长等职，受支部嘉奖三次，立三等功一次。1981年1月退伍，在水坝军械修理所工作。1979年2月参加对越自卫还击战，担任后勤保障工作。现每月享受参战人员的生活补贴。

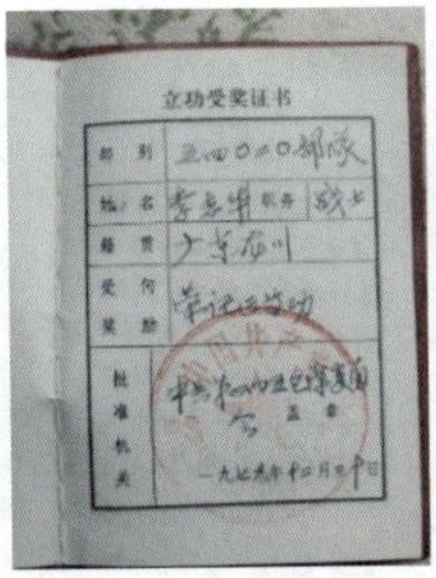

李德标

李德标，1956年出生。1974年12月应征入伍，在中国人民解放军某部服役，1978年加入中国共产党，1979年2月对越自卫还击战中，在后勤保障部队运伤病员到165、169医院抢救。在部队服役期间多次受到嘉奖，1980年1月退役在地方工作。历任龙川县旅游公司经理、龙川县旅游局局长。1999年调至河源市旅游局任副局长，兼任河源市假日旅游指挥中心办公室主任。2004年6月起主持河源市旅游局全面工作，2006年提升为正处级，2012年9月改任河源市旅游局调研员。

李玉城

李玉城，1944年10月24日出生，小学文化。1963年12月参加中国人民解放军在高炮某师服役。在部队服役期间里四次被广州军区评为“五好战士”。1968年3月退伍返乡，4月被县政工组安排参加龙川县毛泽东思想宣传工作队进驻龙川县饮食服务公司，同年底工作队到期结束。1968年12月至1970年5月回小参村，在第二生产队任队长。1970年6月被安排在海南岛生产建设兵团二师四团七连农垦，1980年返乡至今。

1964年被广州军区评为“五好战士”

1965年被广州军区评为“五好战士”

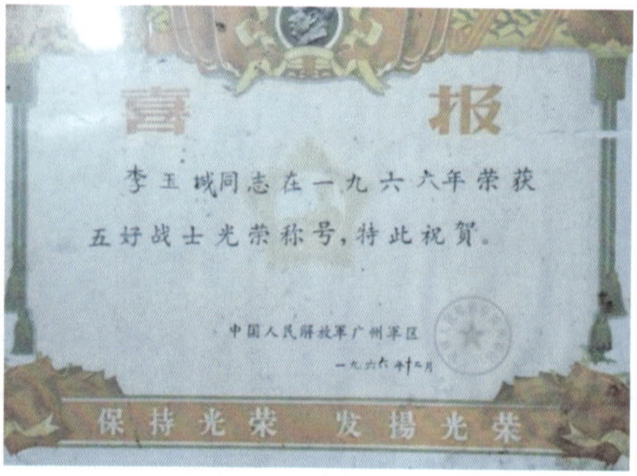

1966年被广州军区评为“五好战士”

1967年被广州军区评为“五好战士”

李良坚

李良坚，1960年11月出生，小参村人，中国共产党党员。1980年参加工作，1986年毕业于广东省公安学院（在职）。历任广州市公安局预审监管支队科长。1996年荣立三等功一次；1997年荣立二等功、三等功各一次；1999年荣立一等功一次。2014年任副调研员，现任三级高级警长。

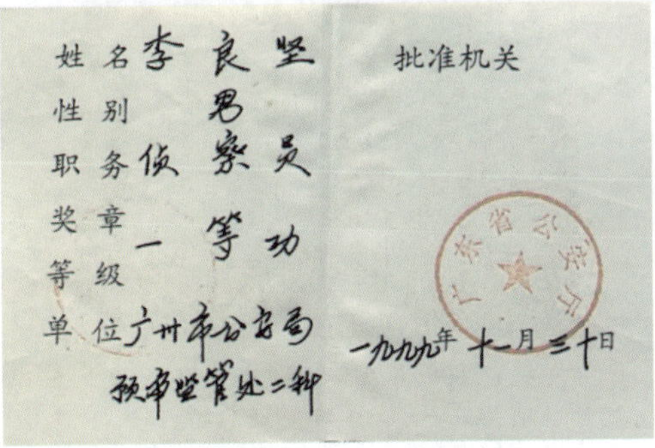

1999年11月受广东省公安厅记“一等功”

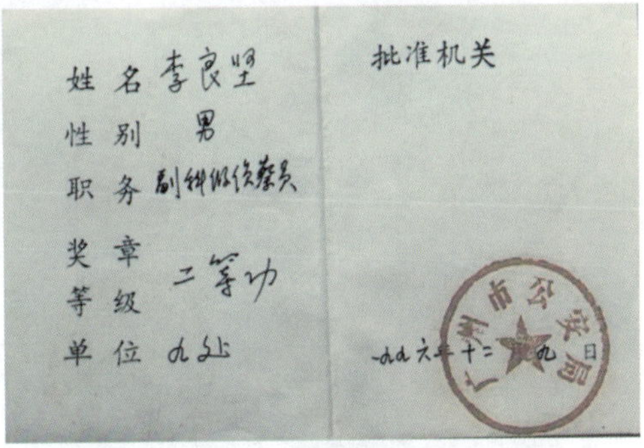

1996年12月受广州市公安局记“二等功”

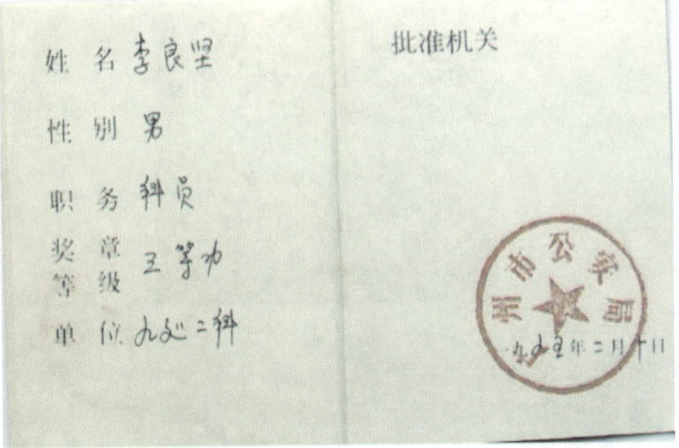

1995年2月受广州市公安局记“三等功”

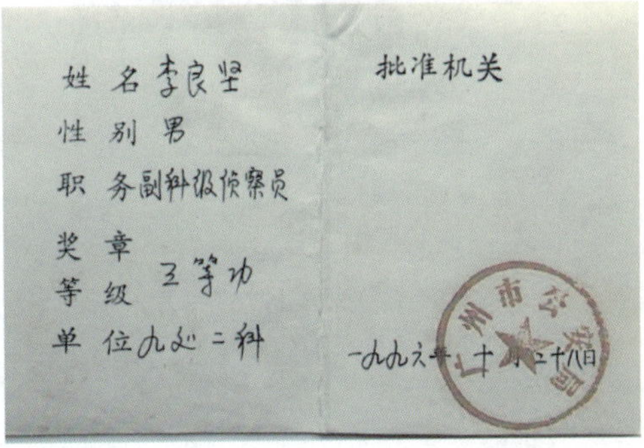

1996年10月受广州市公安局记“三等功”

2. 军人情怀

1968年小参小学附中班读初中的同学，李德标（前排左一）、李祥登（前排中）、陈明灿（前排右一）、李志华（后排右一）等四人于1975年参军在某部（团级单位）服役时，1976年3月留影于衡阳市周家坳

小参村三个青年人：李德标（左一）、李祥登（中）、李志华（右一）于1975年入伍在部队同一个新兵连同一个排同一个班训练，训练结束时留影

20世纪七十年代初细坳中学毕业学生李德标（前排左一）、李祥登（后排左一）、李志华（后排右一）、马顶雄（后排中）于1975年入伍，1976年3月与部队首长王浩如（前排右一）合影留念

李满妹（右一）于1976年3月入伍，1978年与其战友留影于广西桂林

李万源（左）、李良昌（右）于1977年1月入伍，在兰州空军服役，留影于陕西咸阳。（李良昌于1982年退伍，在细坳供销社工作，后担任供销社副主任、主任等职）

3. 军警风姿

军人风姿

李贤华
（1950年存照）

李炳荣
（1966年存照）

李德标
（1976年存照）

1979年2月，李爱东（左）、李仕平（右）在广西留影

警察风姿

李贤华
（1952年存照）

李顺和
（1968年存照）

李冬剑
（2016年存照）

李良坚
（2020年存照）

老兵风姿

退役老兵李寿平、李满妹、李德标、李爱东、李良昌、李志华于2017年10月在河源合影留念

1971年李秀华与父母在龙川县城留影

4. 军警之家

李顺和家庭

姓名	关系	性别	文化程度	工作单位	职务	备注
李顺和	—	男	本科	仁化县公安局	股长	
李良平	父子	男	大专	仁化县森林分局	局长	
李志程	父子	男	中学	仁化县人民银行	行警	
李冬剑	爷孙	男	本科	空警三支队	副科长	

李顺和，1927年出生，毕业于南方大学。在仁化县公安局担任股长一职，已故。

李良平，李顺和长子，1956年7月出生，大专学历，1980年参军，曾任仁化县森林公安分局局长。

李志程，李顺和次子，1965年出生，高中毕业，1983年应征入伍，现在仁化县人民银行担任行警工作。

李冬剑，李顺和孙子，1987年12月出生，本科学历，警官学院毕业，现于空警三支队任职。

李月炎家庭

姓名	关系	性别	文化程度	工作单位	职务	备注
李月炎	—	男	小学	广州市公安局	副处级	由部队转入公安
李良坚	父子	男	大学本科	广州市公安局	副调研员	
李嘉静	爷孙	女	大学本科	广州市公安局	主任科员	
李　伟	爷孙	男	大学本科	广州市公安局	主任科员	

李月炎（前排右一）、李良坚（二排左一）、李嘉静（二排中间）、李伟（二排右一）

第六节　历任细坳镇（含公社）股级以上干部名录

姓名	性别	任职单位	职务	备注
李和清	男	细坳镇（公社）	副乡长	
李运才	男	细坳镇（公社）	副书记	
李顺廷	男	细坳镇（公社）	生产助理	
李石才	男	细坳镇（公社）	计划生育助理	
李子星	男	细坳镇（公社）	水利助理	

（续上表）

姓名	性别	任职单位	职务	备注
李惠灵	男	细坳镇（公社）	统计助理	
李良英	女	细坳镇人民政府	人大主席	
李海英	女	细坳镇人民政府	镇委委员	

第七节　副科级以上干部简介

副厅级				
姓名	性别	任职单位	职务	备注
李见贤	男	中山大学地理系	主任、教授	离休
正处级				
姓名	性别	任职单位	职务	备注
李之清	男	广东省人民银行金融处	处长、高级经济师	离休
李振昌	男	黄埔出入境检验检疫局	副局长（正处级）、调研员	
李德标	男	河源市旅游局	副局长（正处级）、调研员	享受殊荣津贴
副处级				
姓名	性别	任职单位	职务	备注
李发扬	男	广州市人民检察院	副处长	离休
李贤华	男	广州市医药管理局	副处级	离休
李月炎	男	广州市公安局办公室	副处级	离休
李镜明	男	广州市委统战部	副处长	离休
李海标	男	华南师范大学武装部	部长	离休
李炳华	男	广州市公安局办公室	副处级	离休

（续上表）

姓名	性别	任职单位	职务	备注
李光大	男	深圳市南山区环保局	副调研员	
李玉兰	女	深圳市海关邮政局	副调研员	
李良坚	男	广州市公安局	副调研员	
李志坚	男	深圳市市场监督管理局	副调研员	
李志文	男	深圳市残疾人联合会	副调研员	
李思民	男	深圳市黄岗口岸	副关长	
科　级				
姓名	性别	任职单位	职务	备注
李德生 曾用名：李效牧	男	兴宁市粮食局	科级	离休
李维山	男	广州市锁厂	科级	离休
李良锦	男	广州市木材公司	科长	离休
李和添	男	广州市北京路派出所	指导员 （正科）	离休
李　豪	男	海丰县供销合作社	科级	离休
李子林	男	广州市锁厂	科级	离休
李华益	男	国营广东省杨村 华侨柑桔场	科长	
李顺和	男	仁化县公安局	副科级	
李和清	男	龙川县气象局	局长	
李运才	男	细坳镇人大	主席	
李德有	男	广州市远东风扇厂	科长	

（续上表）

姓名	性别	任职单位	职务	备注
李良英	女	细坳镇人大	主席	
李良平	男	韶关市仁化县民政局	主任科员	
李祥安	男	韶关市民政局	主任	
李爱东	男	陆军123师炮团二营	教导员	
池静銮	女	河源市城市管理监察大队	办公室主任	
钟小英	女	广州市人民检察院第八检察部	主任科员	
李嘉靖	女	广州市政法委工作	主任科员	
李姗君	女	河源市文化市场综合执法支队	主任科员	
李伟	男	广州市公安局越秀区分局	主任科员	
李冬剑	男	空警三支队	主任科员	
副科级				
姓名	性别	任职单位	职务	备注
李海英	女	龙川县信访局	副局长	

李振昌

李振昌　1955年6月出生于小参村，1975年12月加入中国共产党。1979年毕业于中山医学院并被分配到中华人民共和国广州卫生检疫所流花检疫站工作，曾任副站长。1985年11月调广东省卫生厅工作。1992年5月调任中华人民共和国白云机场卫生检疫局副局长、副主任医师。1998年调任黄埔卫生检疫局局长。后任中华人民共和国黄埔出入境检验检疫局副局长（正处级）、调研员。

李光大

李光大 1951年8月出生于小参村，大专学历，中国共产党党员。1970年参加工作，曾在小参小学、村委会、劳动管理站、县劳动服务公司、县人民政府驻深圳办事处、深圳市南头区环卫市容监察队、南山区城市管理监察中队、南山区环境保护局。历任环保局副科长、科长、副调研员等职。

李玉兰

李玉兰 1954年11月出生于小参村，大专学历。1975年在四川外语学院读书，1978年毕业后在深圳海关工作，历任科员、副主任科员、主任科员、副调研员。

李志坚

李志坚 1965年4月出生于小参村，本科学历。1982年10月应征在中国人民解放军某部服役，1984年6月加入中国共产党，1985年10月退伍。1988年3月调深圳市公共汽车公司工作，1991年9月调至深圳市工商局工作，现在深圳市市场监督管理局工作，历任科员、科长、大队长、副处级等职务。

李志文

李志文 1967年出生于小参村，1988年参加工作，大专学历。1991年调深圳市残疾人联合会工作，1999年6月加入中国共产党，曾任车队长、科员、办公室行政科副科长、科长。2011年9月任深圳市残疾人联合会办公室副调研员，2016年3月任深圳市残疾人联会组织宣传部（权益保障部）副调研员，2017年7月任深圳市残疾人联合会组织宣传部（权益保障部）副主任。

李和清

李和清　1927年出生于小参村，小学文化，中国共产党党员。1950年12月参加县土改学习班，翌年任小参乡乡长，1952年后调任十二区青年团干部、党组织委员、宣传委员。1958年12月后，任贝岭、麻布岗、廻龙等公社副书记、代书记。1971年调任县教育办公室主任（正科）。1973年任龙母、贝岭公社副书记。1980年出任县气象局局长。1983年12月退休。

李运才

李运才　1932年12月出生于小参村，初中文化，中国共产党党员。1954年任小参乡副乡长，1955年调贝岭（十二区）区委任组织干事，1957年任细坳副乡长、乡党委委员。1959年任贝岭公社党委常委，1960—1965年任细坳公社党委组织委员、副书记，1970年任麻布岗公社革委会副主任，1975年调回细坳公社任党委副书记，1986年起先后任细坳镇人大联络组组长、主席。1993年退休。

李德有

李德有　1947年出生于小参村，中专学历。1963年8月随父（李见贤）迁往广州读书，1965年参加中国人民解放军。1967年退伍后被安排在广州市远东风扇厂工作，历任技术员，质检科副科长、科长。

李良平

李良平　1956年7月出生，小参村人，大专学历，中国共产党党员。1980年参军，1982年退役，分别在仁化县公安局任干警、丹霞镇任副镇长、仁化县公安局森林分局任局长、仁化县民政局任副局长、主任科员等职。

李祥安

李祥安　1959年4月出生于小参村，大专学历，助理会计师职称，中国共产党党员。1978年2月应征入伍，在中国人民解放军某部服役，1984年1月随部队整编转入地方工作，历任广东省韶关市民政局办公室副主任、科长。

池静銮

池静銮　1962年8月出生于细坳，大专学历，中国共产党党员。1980年在细坳卫生院任护士，1982年5月调至龙川县进出口贸易公司任出纳，1991年3月调至龙川县建设局工作。1995年3月起任龙川县建设局工会副主席，1999年冬，任河源市环卫局办公室主任。2007年调至河源市城市管理监察大队任办公室主任，2012年任主任科员，2017年退休。

钟小英

钟小英　1973年7月出生，本科学历。1992年参加工作，2005年12月加入中国共产党。历任广州市人民检察院办事员、科员、副主任科员，现任广州市人民检察院第八检察部主任科员。

李嘉靖

李嘉靖　1988年2月出生，小参村人，本科学历。2010年从警，2014年加入中国共产党。现任广州市公安局刑事警察支队七大队中队长。获广州市“2017年至2019年度人民满意政法干警”称号。

李姗君

李姗君 1984年9月出生，小参村人，硕士研究生学历，经济师，中国共产党党员。2006年1月参加工作，历任河源市旅游局旅游质量监督管理所副所长、所长，龙川县四都镇新龙村党支部第一书记。现任河源市文化市场综合执法支队主任科员。

李 伟

李 伟 1984年10月出生，小参村人，本科学历。2008年参加工作，2006年11月加入中国共产党。历任广州市公安局越秀区公安分局科员、副主任科员，现任广州市公安局越秀区分局主任科员。

李冬剑

李冬剑 1987年12月出生，小参村人，本科学历，中国共产党党员。毕业于广东省警官学院，现于空警三支队任主任科员。

李海英

李海英 1968年7月出生于小参村，大专学历。1986年9月至1999年8月在细坳任教，1988年7月加入中国共产党，1999年9月至2001年11月在细坳镇人民政府工作，历任中共细坳镇镇委委员、妇女主任。2001年12月调龙川县信访局工作，任副主任科员。

第八节　民营企业人物

李长青

李长青，1952年出生于小参村，大专学历。1978年参加工作，2001年春以前任乡村医生，2001年冬参与创建江西省定南县第二人民医院，历任董事、董事长，是政协龙川县第七届、第八届委员。

李文涛

李文涛，1967年出生于小参村，初中文化，现任深圳市泰鑫盛五金制品有限公司总经理。1985—1990年在家乡经营小生意，1991年1月被安排在龙川县烟草公司工作，1992年冬自愿停薪留职，在东莞经商。2002年春在深圳市创立泰鑫盛五金制品有限公司，家乡有30多位村民在他企业务工。

李万春

李万春，1975年出生于小参村，1995年于嘉应学院毕业后在深圳万佳百货务工。1998年在北京泰凡文化艺术有限公司工作，任总经理。2019年5月在惠州市惠城区江北经营客家汇小厨餐馆。现有10多位村民在该酒楼务工。

李亮红

李亮红，1973年2月出生于小参村。初中毕业后外出务工、经商。于2007年在东莞横沥创办钰业源五金制品有限公司，为家乡20多人提供就业。2012年9月，在江西定南县注册鑫淼森林发展有限公司，开垦生态林产1000多亩。2015年，又在定南县天九镇油田村投资种植1200亩油茶林，为当地10多户贫困户解决了就业问题。

李艺平

李艺平，1971年出生于小参村，本科学历。1990年参加工作，1990—1995年，在深圳市口岸中国旅行社旅运部任经理。1996—2000年，在深圳市中国国际旅行社出境中心任副总经理。2001—2010年，在深圳市旅游集团深旅国际旅行社任副总经理。2011年至今任深圳市地球之旅国际旅行社董事长。

李小勇

李小勇，1967年出生于小参村，小学文化。现任广州市艺缝机电有限公司总经理。1985年至1988年在民营企业工作。1989年自己创业成立食品加工厂经营至1998年底。1999年转型创办广州市艺缝机电有限公司，家乡有50多位村民在他企业就业。

第九节　党、政代表及其他

一、党代表 人大代表 政协委员

姓名	性别	党代表、人大代表、政协委员	备注
李良华	男	政协龙川县第四届委员	
李德标	男	政协龙川县第五届、第六届委员 中共龙川县第十届党代会代表 龙川县第十二届人民代表大会代表 中共河源市第三届党代会代表 政协河源市第四届、第五届委员	
李爱东	男	中共广州军区第六次党代会代表	
李良英	女	中共龙川县第十届党代会代表	
李长青	男	政协龙川县第七届委员 政协龙川县第八届委员	

二、受县（团）以上单位表彰

姓名	性别	受奖名称	备注
李金凤	男	1951年受中国人民志愿军某部记“三等功”二次 1952年受中国人民志愿军某部记“二等功”一次	
李石才	男	1950年受中国人民志愿军某部记“二等功”一次 1951年受中国人民志愿军某部记“三等功”二次 1952年受中国人民志愿军某部记“三等功”一次	
李常	男	1952年受河南铁道公安70师某团记“三等功”二次	
李见贤（黄进）	男	1956年因发明立体绘图仪，被教育部命名为“李见贤尺” 1956年被教育部授予“全国先进工作者”称号 2013年荣获“第四届中国地理科学成就奖”	
李惠灵	男	1953年受中国人民解放军某部记“三等功”一次 1987年被评为“广东省统计系统先进工作者” 1988年被评为“广东省统计系统先进工作者”	
李玉城	男	1964年被广州军区评为“五好战士” 1965年被广州军区评为“五好战士” 1966年被广州军区评为“五好战士” 1967年被广州军区评为“五好战士” 1979年被中共国营东岭农场委员会评为“先进工作者”	
李德标	男	1991年被国家旅游局授予“全国旅游行业先进工作者”称号 1999年被人事部、国家旅游局授予“全国旅游行业先进工作者”称号 1991年被广东省旅游局授予“全省旅游行业先进工作者”称号	

（续上表）

姓名	性别	受奖名称	备注
李德标	男	1995年被广东省旅游局授予“为广东旅游争光”称号 1997年被广东省旅游局授予“为广东旅游争光”称号 1993年被中共河源市委、河源市人民政府授予“河源市创建社会主义精神文明建设积极分子”称号 1995年被中共河源市委、河源市人民政府授予“河源市创建社会主义精神文明建设积极分子”称号 1997年被中共河源市委、河源市人民政府授予“河源市创建社会主义精神文明建设积极分子”称号 1997年被中共河源市委、河源市人民政府授予“河源市十大杰出复员、退伍、转业军人”称号 1998年被中国科联授予“科联英才”称号 2003年被中共河源市委、河源市人民政府授予“河源市创建中国优秀旅游城市先进工作者”称号 2004年被河源市委、河源市人民政府授予“河源市创建双拥模范城市先进工作者”称号	
李良坚	男	1996年受广州市公安局记“三等功”一次 1997年受广州市公安局记“二等功”“三等功”各一次 1999年受广东省公安厅记“一等功”一次	
李爱东	男	受中国人民解放军第41军记“三等功”战功一次 受中国人民解放军某师记“三等功”三次	
李志华	男	1977年，受中国人民解放军某部记“三等功”一次	
李满妹	女	1978年，受中国人民解放军某军158医院记“三等功”一次	
李文广	男	被中国人民解放军第二炮兵部队评为“优秀士兵”称号一次 1998年受中国人民解放军第二炮兵部队记“三等功”一次 1999年受中国人民解放军第二炮兵部队记“三等功”一次	

（续上表）

姓名	性别	受奖名称	备注
李姗君	女	2013年被中共河源市委、河源市人民政府评为“优秀驻村干部” 2019年被广东省扶贫开发领导小组评为“2016—2018年广东省脱贫攻坚工作突出贡献个人”	
李嘉靖	女	2019年被中共广州市委授予“2017年—2019年度广州市人民满意政法干警”称号	

三、县以上行业协会 研究会会员名录

姓名	协会名称	时间	职务	备注
李见贤	中国地理学会地貌第四纪专业委员会		副主任	
	中国丹霞地貌旅游开发研究会		理事长	
李德标	中国旅游协会	第二届	会员	
	广东省旅游协会	第二届	理事	
	河源市旅游协会	第一届	理事	
	河源市旅游协会	第二届	副会长	
	河源市旅游协会	第三届	副会长	
	河源市劳动模范协会	第一届	常务理事	
	河源市客家古邑文化研究会	第二届	顾问	
	河源红色历史文化研究会	第二届	副会长	
李万涛	龙川县音乐协会		理事	
	河源市音乐家协会		会员	

四、寿星名录

1. 已故的高寿老人名录（85岁以上）

彭船招，女，100岁　缪观连，女，99岁　刘水娥，女，99岁
缪佳娣，女，99岁　李成金，男，98岁　卢永玉，女，98岁
巫和凤，女，97岁　刘振娇，女，97岁　彭春娇，女，97岁
李成明，男，96岁　陈发秀，女，95岁　李久俊，男，94岁
李和腾，男，93岁　何福娣，女，93岁　熊桂娣，女，93岁
陈观姐，女，93岁　李伟章，男，91岁　李纪兴，男，91岁
李见贤，男，90岁　李纪星，男，90岁　刘德秀，女，90岁
李仕章，男，88岁　陈连娣，女，88岁　李松旺，男，87岁
李友中，男，87岁　李锦生，男，85岁　李祥添，男，85岁
李维贤，男，85岁　缪连凤，女，85岁

2. 85—89岁健在寿星名录

姓名	性别	年龄
李梅成	男	89
李深宏	男	88
李日光	男	88
李绍华	男	87
吴长娣	女	87

姓名	性别	年龄
杨丙然	女	87
吴风英	女	87
李石华	男	86
缪才风	女	86
石亚娥	女	86

3. 90岁以上的健在寿星名录

姓名	性别	年龄
刘亚娣	女	99
徐亚娇	女	99
陈观秀	女	96
乐四姐	女	95
周丁妹	女	94
龙运辉	女	94

姓名	性别	年龄
卢春兰	女	93
李观胜	男	92
吴香妹	女	92
刘新妍	女	91
胡月梅	女	90
龙金玉	女	90

第十节　革命烈士

蓝梅昌烈士
（九连副连长）

蓝梅昌（1906—1949年） 附城镇涧洞村人，为人耿直，办事公道，深得村人信赖。1943年被村民推选为涧洞小学校长。他思想进步，致力办学，除办好小学外，还积极办夜校，鼓励青年学文化知识。主办小学时，聘请进步教师任教，中共党组织安排中共党员在该校任课，以教书作掩护开展革命活动。在中国共产党影响下，他的思想觉悟不断提高，积极投入抗日救亡活动。

1949年8月任九连副连长期间，在一次执行任务时，途经和平下车境内与国民党残部相遇，狭路相逢，众寡悬殊，虽奋力反击，仍难于脱险，终因负伤被捕。

敌人对蓝梅昌严刑拷打，妄图得到中国人民解放军的情报，但他一言不发，坚贞不屈。穷凶极恶的敌人，先砍掉其手、足，后剖其腹碎尸。

李志林烈士

李志林（1959—1983年） 1979年入伍，在中国人民武装警察部队汕尾边防局服役，中国共产党党员，历任战士、班长。1983年1月18日在汕头港对一轮船实施联检时，因公牺牲。

革命烈士证明书

李志林 同志在社会主义建设和社会主义革命中 壮烈牺牲，经批准为革命烈士，特发此证，以资褒扬。

中华人民共和国民政部
一九八三年　　十日

附录一

一、驻村工作队员、“双到”扶贫单位、精准扶贫单位名录

1. 细坳镇驻村工作队员名录

时　间	驻村领导	驻村组长
1999—2002年	杨树德	卢廷贤
2002—2006年	杨树德	刘振雄
2006—2011年	刘天铃	刘振雄
2011—2016年	李志坚	刘月星
2016—2019年	刘任天	张斌
2019—2020年	刘伟东	邹国林

2. 小参村2013—2015年“双到”扶贫单位名录

帮扶单位	单位负责人	驻村领导	驻村组长	包村干部
河源市文广新局	梁伟光	林步文	曾龙生	李志坚
河源市残联	张慧英	王育川		刘月星
河源市海事局	黄海平			王桂香

3. 小参村2016—2020年精准扶贫单位名录

帮扶单位	单位负责人	驻村工作组长	驻村第一书记	包村干部
龙川县人民检察院	吴志雄 曾少平 邓波群	刘惠香 刘丽娜	刘惠香 刘丽娜	刘任天 刘伟东

附录二 碑记

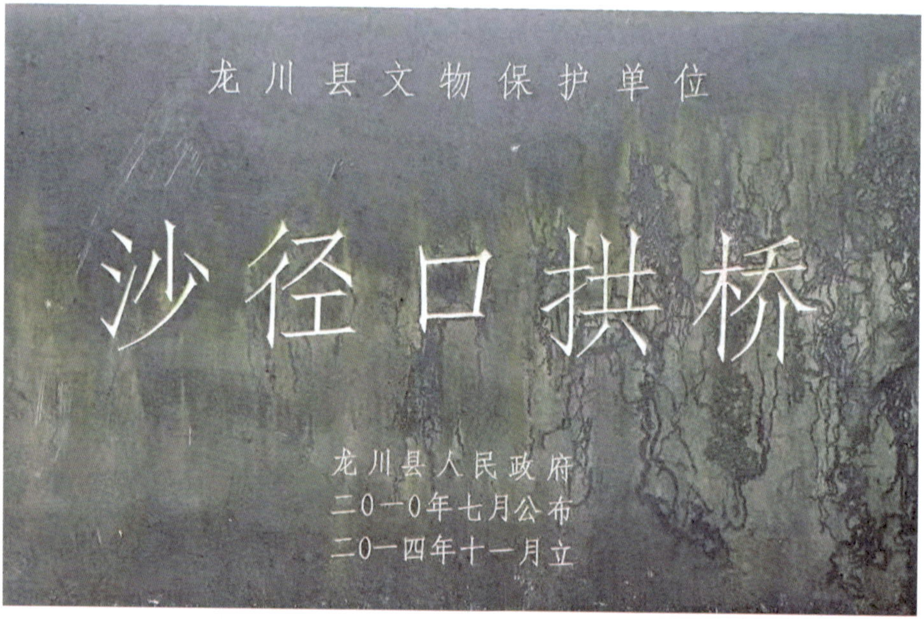
龙川县文物保护单位
沙径口拱桥
龙川县人民政府
二0一0年七月公布
二0一四年十一月立

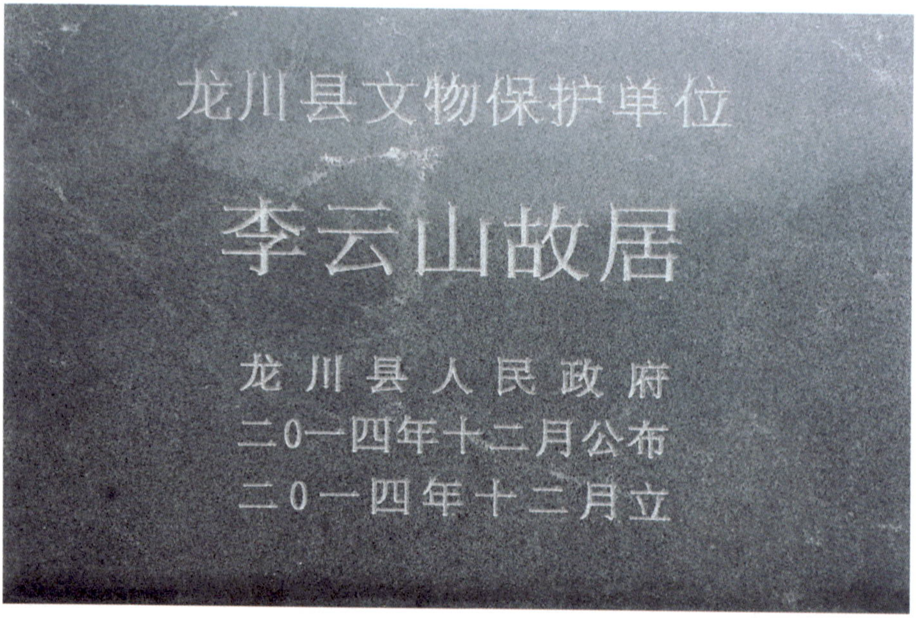
龙川县文物保护单位
李云山故居
龙川县人民政府
二0一四年十二月公布
二0一四年十二月立

龙川县文物保护单位
小参村农民协会旧址
龙川县人民政府
二〇一四年十二月公布
二〇一四年十二月立

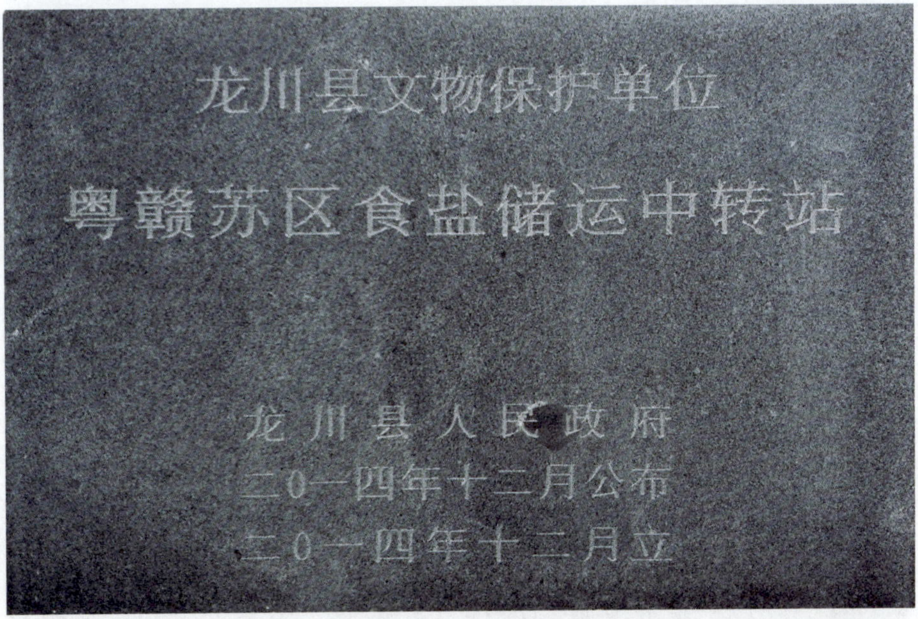
龙川县文物保护单位
粤赣苏区食盐储运中转站
龙川县人民政府
二〇一四年十二月公布
二〇一四年十二月立

小参村南山元代古井
已登记不可移动文物
龙川县文化广电新闻出版局
二〇一五年十月二十八日

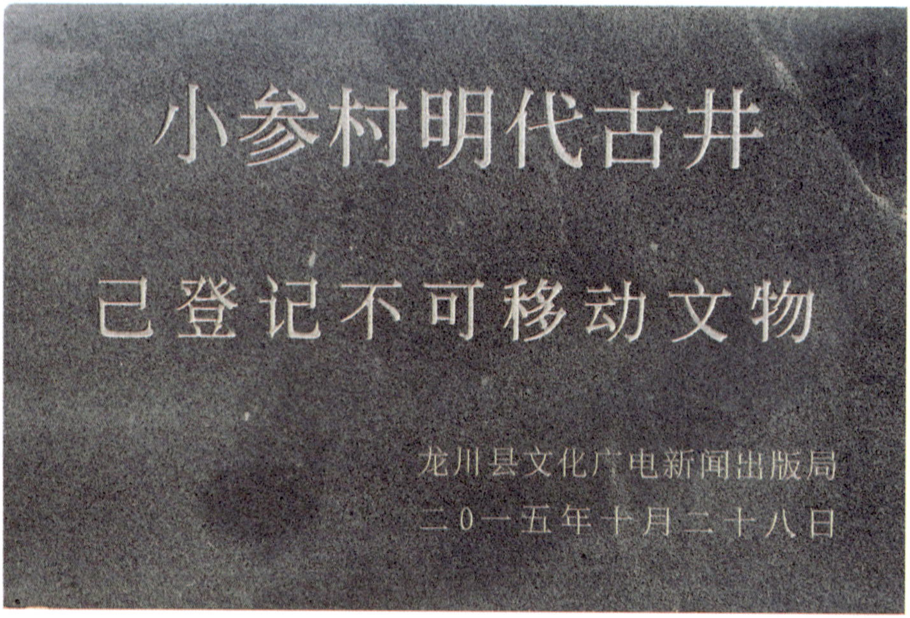
小参村明代古井
已登记不可移动文物
龙川县文化广电新闻出版局
二〇一五年十月二十八日

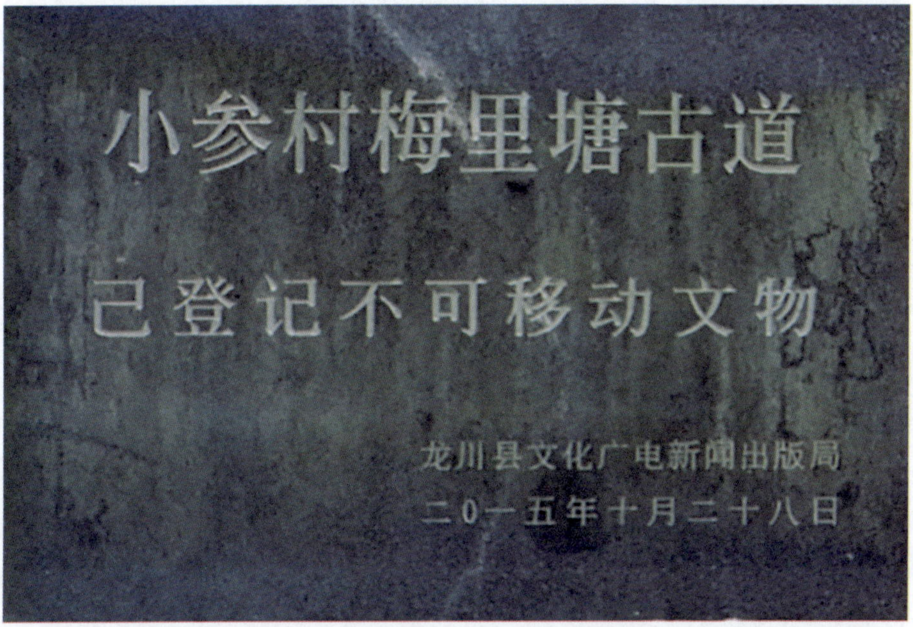
小参村梅里塘古道
已登记不可移动文物
龙川县文化广电新闻出版局
二0一五年十月二十八日

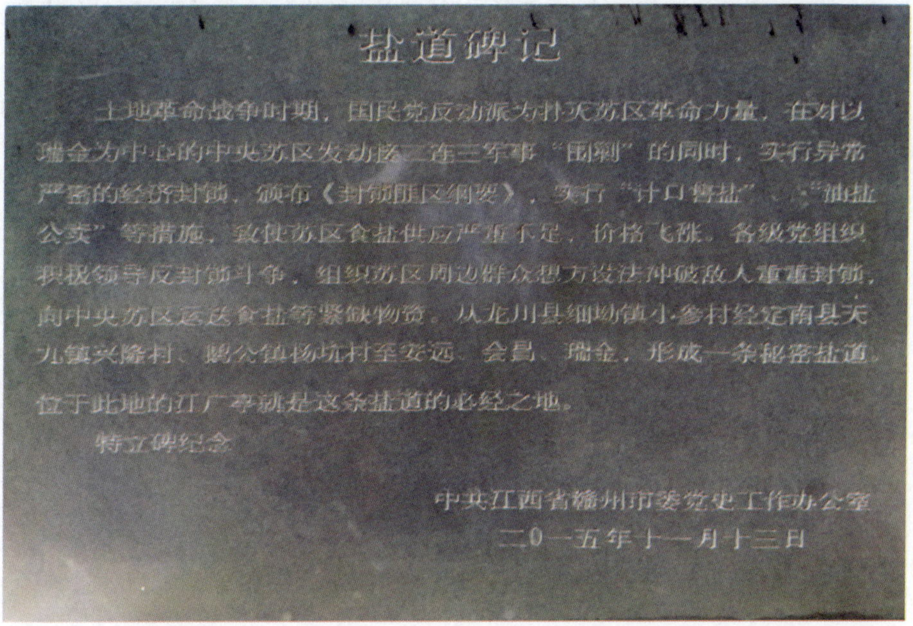
盐道碑记
土地革命战争时期，国民党反动派为扑灭苏区革命力量，在对以瑞金为中心的中央苏区发动接二连三军事“围剿”的同时，实行异常严密的经济封锁，颁布《封锁匪区纲要》，实行“计口售盐”、“油盐公卖”等措施，致使苏区食盐供应严重不足，价格飞涨。各级党组织积极领导反封锁斗争，组织苏区周边群众想方设法冲破敌人重重封锁，向中央苏区运送食盐等紧缺物资。从龙川县细坳镇小参村经定南县天九镇兴隆村、鹅公镇杨坑村至安远、会昌、瑞金，形成一条秘密盐道。位于此地的江广亭就是这条盐道的必经之地。
特立碑纪念
中共江西省赣州市委党史工作办公室
二0一五年十一月十三日

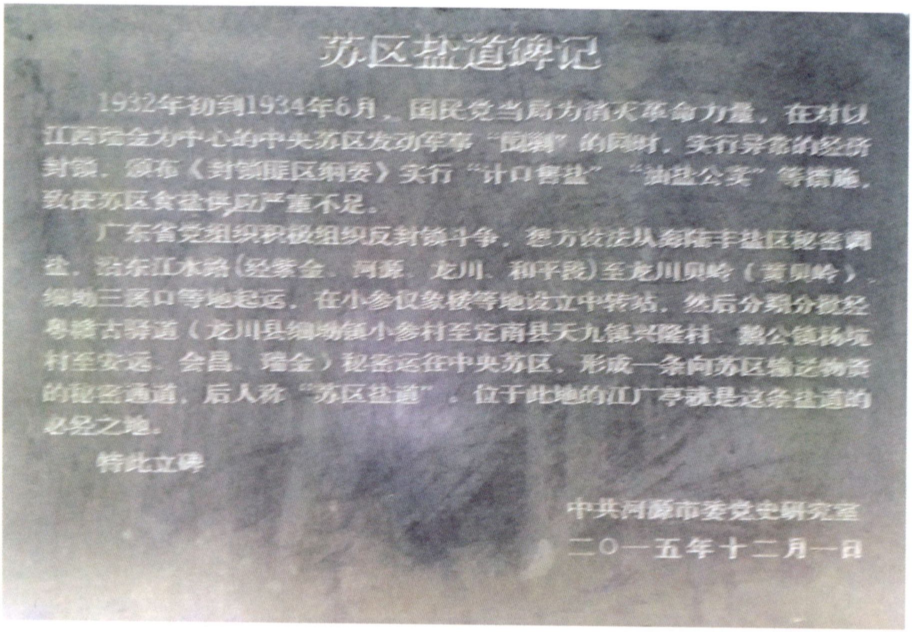
苏区盐道碑记
1932年初到1934年6月，国民党当局为消灭革命力量，在对以江西瑞金为中心的中央苏区发动军事“围剿”的同时，实行异常的经济封锁，颁布《封锁匪区纲要》实行“计口售盐”“抽盐公卖”等措施，致使苏区食盐供应严重不足。
广东省党组织积极组织反封锁斗争，想方设法从海陆丰盐区秘密调盐，沿东江水路（经紫金、河源、龙川、和平县）至龙川贝岭（黄贝岭）、细坳三溪口等地起运，在小参仅象岐等地设立中转站，然后分别分批经粤赣古驿道（龙川县细坳镇小参村至定南县天九镇兴隆村、鹅公镇杨坑村至安远、会昌、瑞金）秘密运往中央苏区，形成一条向苏区输送物资的秘密通道，后人称“苏区盐道”。位于此地的江广亭就是这条盐道的必经之地。
特此立碑
中共河源市委党史研究室
二〇一五年十二月一日

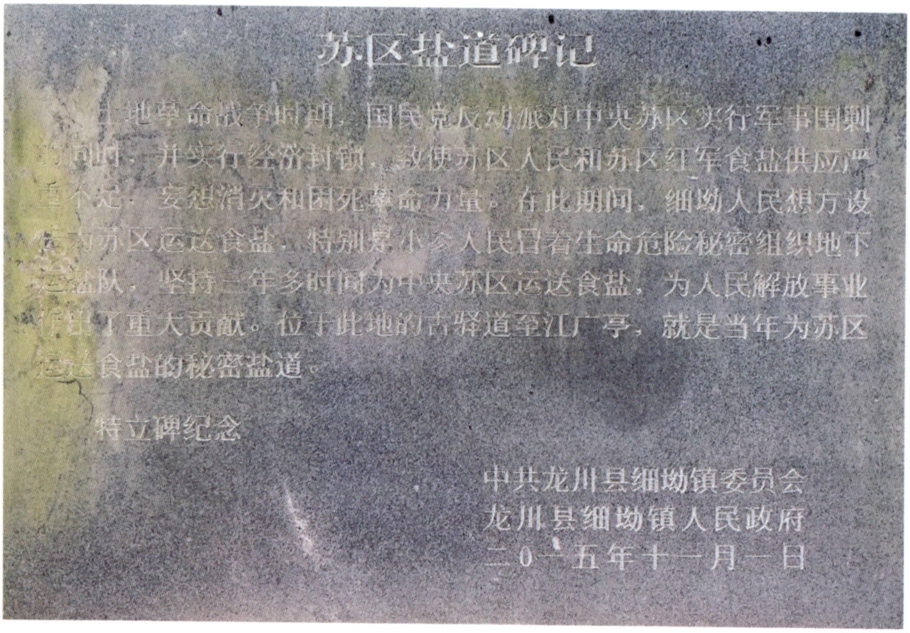
苏区盐道碑记
土地革命战争时期，国民党反动派对中央苏区实行军事围剿的同时，并实行经济封锁，致使苏区人民和苏区红军食盐供应严重不足，妄想消灭和困死革命力量。在此期间，细坳人民想方设法为苏区运送食盐，特别是小参人民冒着生命危险秘密组织地下运盐队，坚持三年多时间为中央苏区运送食盐，为人民解放事业作出了重大贡献。位于此地的古驿道至江广亭，就是当年为苏区运送食盐的秘密盐道。
特立碑纪念
中共龙川县细坳镇委员会
龙川县细坳镇人民政府
二〇一五年十一月一日

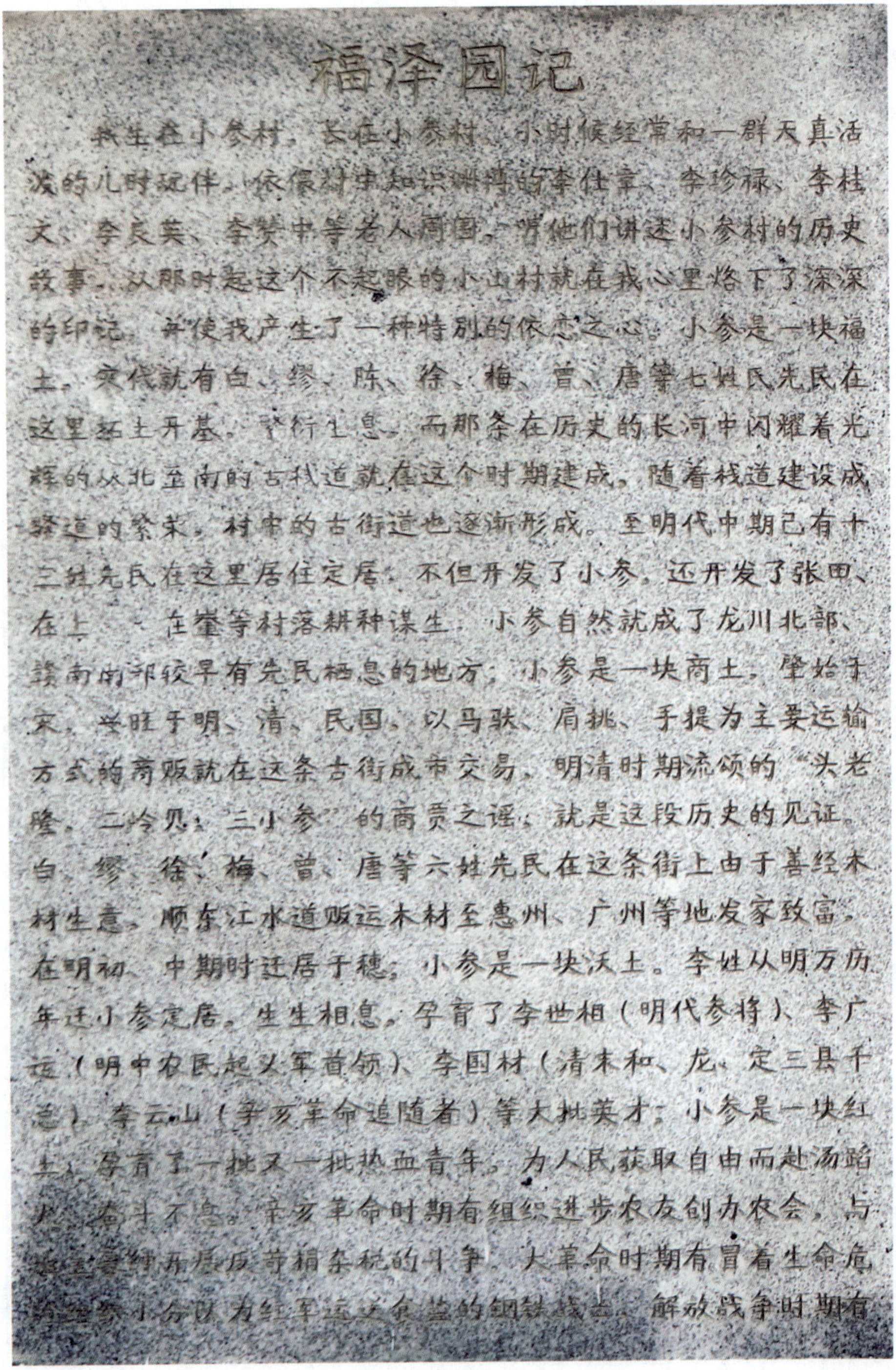

福泽园记

我生在小参村，长在小参村，小时候经常和一群天真活泼的儿时玩伴，依偎村中知识渊博的李住章、李珍禄、李桂文、李良英、李赞中等老人周围，听他们讲述小参村的历史故事。从那时起这个不起眼的小山村就在我心里烙下了深深的印记，并使我产生了一种特别的依恋之心。小参是一块福土，宋代就有白、缪、陈、徐、梅、曾、唐等七姓氏先民在这里拓土开基，繁衍生息，而那条在历史的长河中闪耀着光辉的从北至南的古栈道就在这个时期建成。随着栈道建设成驿道的繁荣，村中的古街道也逐渐形成。至明代中期已有十三姓先民在这里居住定居，不但开发了小参，还开发了张田、在上、庄耄等村落耕种谋生，小参自然就成了龙川北部、赣南南部较早有先民栖息的地方；小参是一块商土，肇始于宋，兴旺于明、清、民国，以马驮、肩挑、手提为主要运输方式的商贩就在这条古街成市交易，明清时期流颂的“头老隆，二冷贝，三小参”的商贾之谣，就是这段历史的见证。白、缪、徐、梅、曾、唐等六姓先民在这条街上由于善经木材生意，顺东江水道贩运木材至惠州、广州等地发家致富，在明初、中期时迁居于穗；小参是一块沃土。李姓从明万历年迁小参定居，生生相息，孕育了李世相（明代参将）、李广运（明中农民起义军首领）、李国材（清末和、龙、定三县千总）、李云山（辛亥革命追随者）等大批英才；小参是一块红土，孕育了一批又一批热血青年，为人民获取自由而赴汤蹈火，奋斗不息。辛亥革命时期有组织进步农友创办农会，与地主豪绅开展反苛捐杂税的斗争，大革命时期有冒着生命危险组参小分队为红军运送食盐的钢铁战士，解放战争时期有

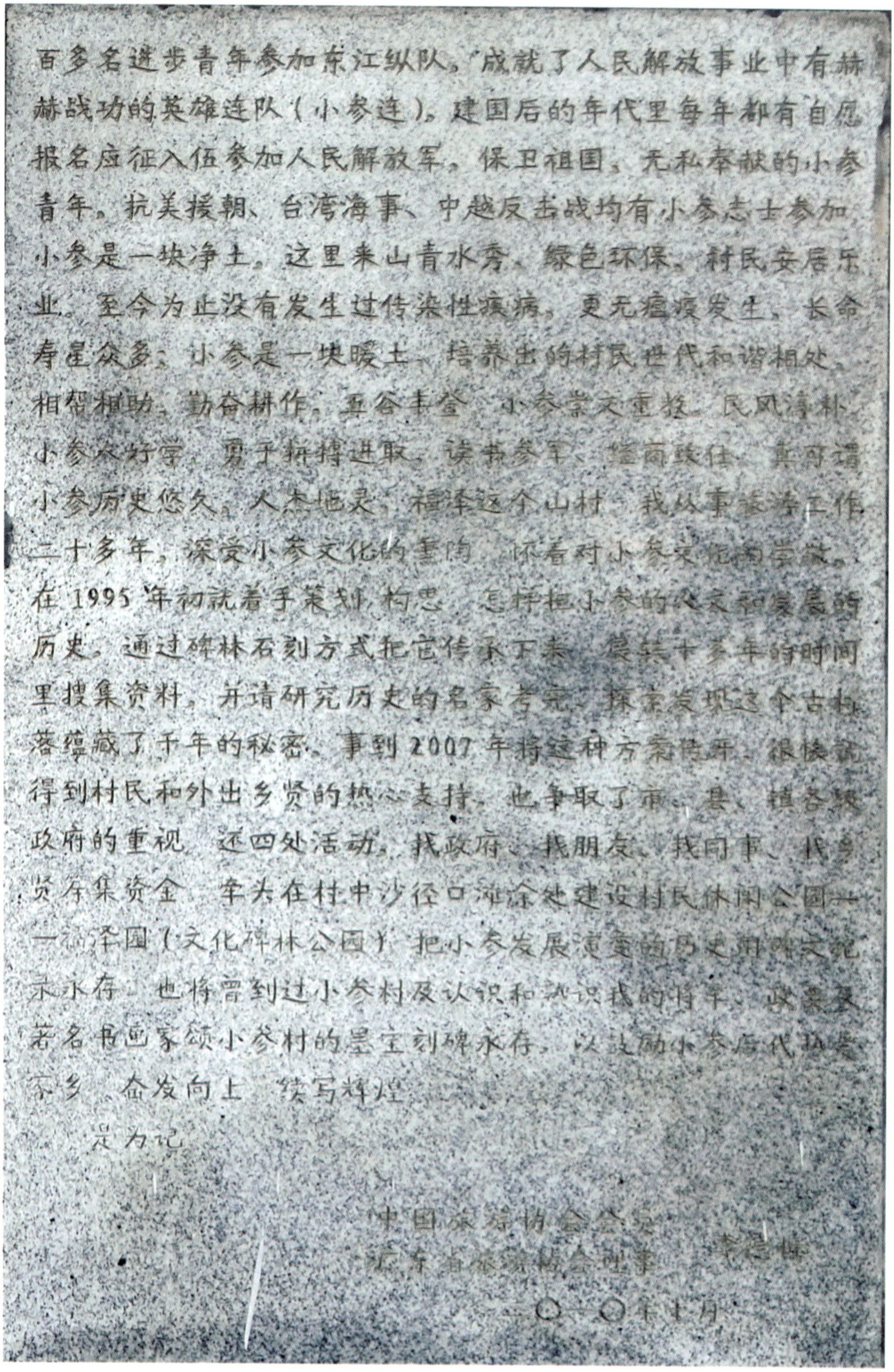
百多名进步青年参加东江纵队，成就了人民解放事业中有赫赫战功的英雄连队（小参连）。建国后的年代里每年都有自愿报名应征入伍参加人民解放军，保卫祖国、无私奉献的小参青年。抗美援朝、台湾海事、中越反击战均有小参志士参加。小参是一块净土。这里山青水秀、绿色环保，村民安居乐业，至今为止没有发生过传染性疾病，更无瘟疫发生，长命寿星众多；小参是一块暖土，培养出的村民世代和谐相处、相帮相助、勤奋耕作、五谷丰登。小参崇文重教，民风淳朴，小参人好学，勇于拼搏进取，读书参军、经商致仕，其可谓小参历史悠久，人杰地灵，福泽这个山村。我从事楹联工作二十多年，深受小参文化的熏陶，怀着对小参文化的崇敬，在1995年初就着手策划、构思，怎样把小参的人文和发展的历史，通过碑林石刻方式把它传承下来。[illegible]十多年的时间里搜集资料，并请研究历史的名家考究，探索发现这个古村落蕴藏了千年的秘密。事到2007年将这种方案传开，很快就得到村民和外出乡贤的热心支持，也争取了市、县、镇各级政府的重视，还四处活动，找政府、找朋友、找同事、找乡贤筹集资金，牵头在村中沙径口河涂处建设村民休闲公园——福泽园（文化碑林公园），把小参发展演变的历史用碑文记录永存，也将曾到过小参村及认识和知识我的同事、政要及著名书画家颂小参村的墨宝刻碑永存，以鼓励小参后代热爱家乡，奋发向上，续写辉煌。

是为记

中国楹联协会会员

广东省楹联协会理事 李[illegible]

二〇一〇年十月

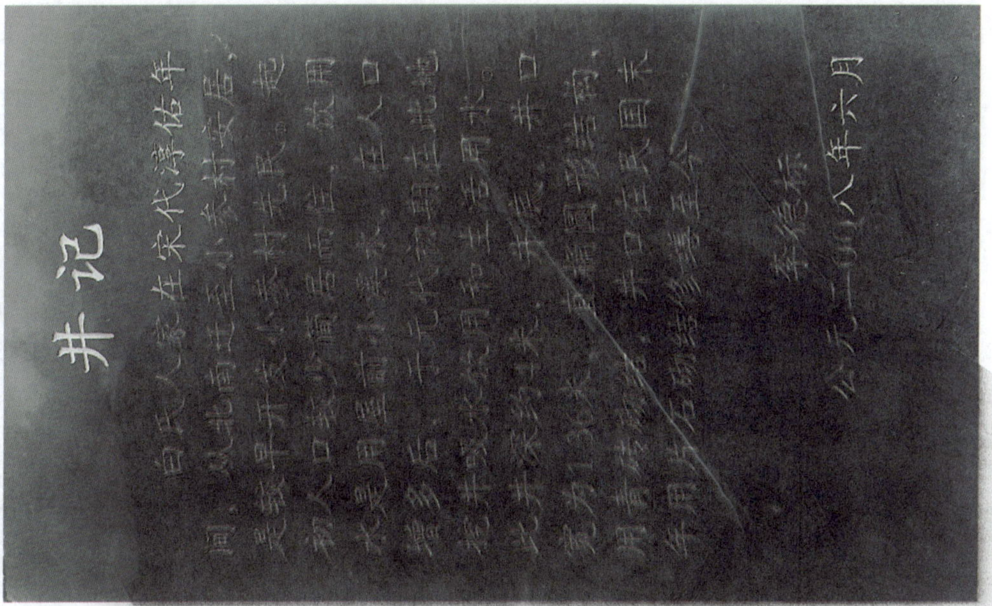
井记
白氏人家在宋代淳佑年
间，从北南迁至小参村安居，
是较早开发小参村先民。起
初人口较少简居而住，饮用
水是用屋前小溪水。在人口
增多后，于元代初期在此地
挖井取水饮用和生活用水。
此井深约4米，井底、井口
宽为1.36米，直筒圆形结构，
用青砖砌结，井口在民国末
年用片石砌结修缮至今。
李德标
公元二〇〇八年六月

井记
小参村在宋淳佑年间，由北
南迁各姓先民开发小参后，民宅
多建在村中心轮线的小河边，而
与小河交汇又是通往南北的驿
道。在元明两朝民宅逐渐建在驿
道两旁，明代初驿站设小参后，
两边民宅改建商铺，形成周边地
区和南来北往的居民集市点，集
市繁华后，村民在此挖井取水饮
用和生活用水。

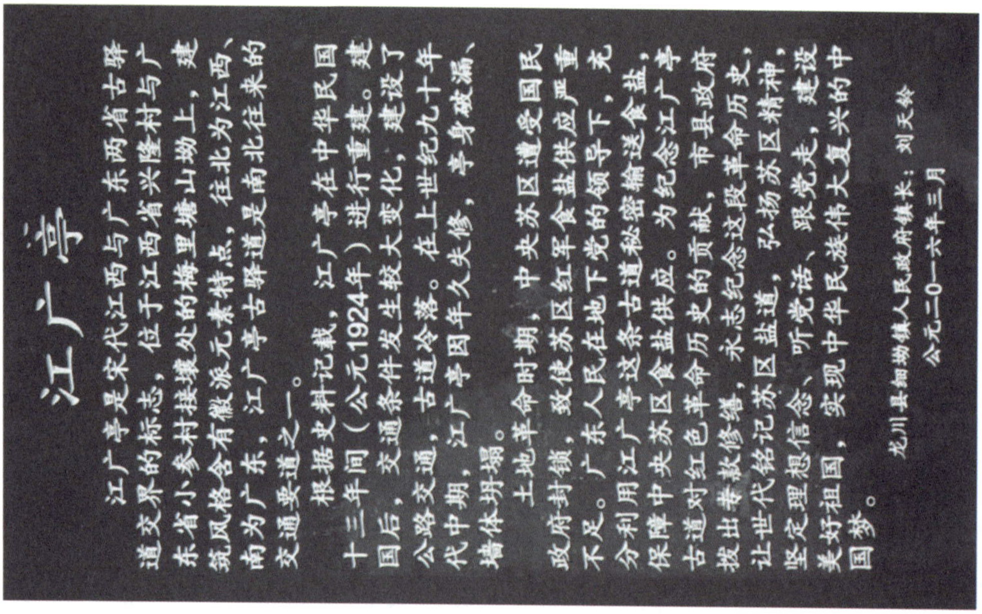
江广亭
江广亭是宋代江西与广东两省古驿道交界的标志，位于江西省兴隆村与广东省小参村接壤处的梅里塘山坳上，建筑风格含有徽派元素特点，往北为江西，南为广东，江广亭古驿道是南北往来的交通要道之一。
根据史料记载，江广亭在中华民国十三年间（公元1924年）进行重建。建国后，交通条件发生较大变化，建设了公路交通，古道冷落。在上世纪九十年代中期，江广亭因年久失修，亭身破漏，墙体坍塌。
土地革命时期，中央苏区遭受国民政府封锁，致使苏区红军食盐供应严重不足。广东人民在地下党的领导下，充分利用江广亭这条古道秘密输送食盐，保障中央苏区食盐供应。为纪念江广亭古道对红色革命历史的贡献，市县政府拨出专款修缮，永志纪念这段革命历史，让世代铭记苏区盐道，弘扬苏区精神，坚定理想信念、听党话、跟党走，建设美好祖国，实现中华民族伟大复兴的中国梦。
龙川县细坳镇人民政府镇长：刘天钤
公元二〇一六年三月

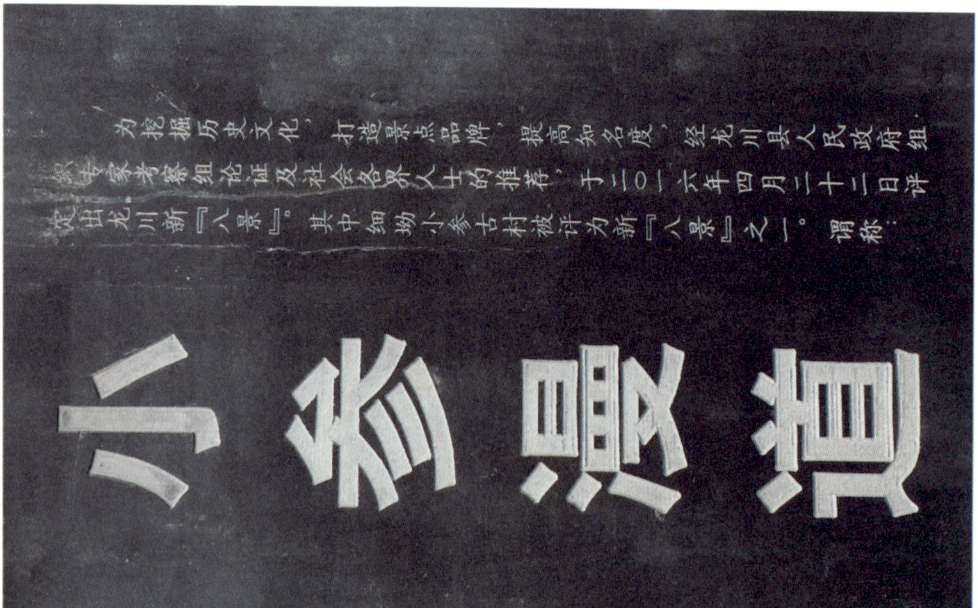
为挖掘历史文化，打造景点品牌，提高知名度，经龙川县人民政府组织专家考察组论证及社会各界人士的推荐，于二〇一六年四月二十二日评定出龙川新『八景』。其中细坳小参古村被评为新『八景』之一。谓称：
小参曼道

附录三 村志编纂

（一）

2018年7月19日，河源市地方志办公室在小参村召开研究《小参村志》编写工作座谈会

（二）

与会者合影：河源市地方志办公室主任刘路红（右四）、副调研员刘斌（左三）、《河源史志》执行副主编黄书伟（左二）、细坳镇镇委委员刘伟东（右三）、李德标（左四）、李维东（左一）、李林青（右二）、徐育红（右一）

2020年6月13日，《小参村志》第一轮审稿座谈会

2020年6月13日，出席《小参村志》第一轮审稿座谈会人员合影留念

第一排（左起）：李作连、李德标、李日文、李林青、徐育红
第二排（左起）：李贤文、李祥胜、李良昌、李维东
第三排（左起）：李运良、李培泉、李良友、李万其、李志锋、周满凤

2020年7月4日，《小参村志》第二轮审稿会

2020年7月4日，出席《小参村志》第二轮审稿会议人员合影留念

第一排（左起）：李良娇、李良英、李万荣、李秀华、李玉城、李作连、李万其、李维照、李来胜

第二排（左起）：徐育红、李继成、李贤文、李林青、卢远发、李德标、涂惠平、李良昌、李国光、李志锋、刘丽云

第三排（左起）：周满凤、李培泉、李良友、李祥胜、李维东、李桥胜、李玉明

2020年7月5日，出席《小参村志》第三轮审稿会议人员在河源合影留念
第一排（左起）：李爱东、李满妹、李德标、李振昌、李新平
第二排（左起）：李庆华、李艺东、李寿平、李立新、李良昌

2020年7月30日，出席《小参村志》第四轮审稿会议人员在老隆合影留念
左起：李育英、李万涛、李继成、李来华、李深宏、李运良、李海英

2020年7月31日，细坳镇班子成员审核《小参村志》座谈会

2020年7月31日，细坳镇班子成员审核《小参村志》座谈会人员合影

左起：刘元初、刘伟东、邹剑、李德标、张志坚、李志坚、李日升、李维东（村支部书记）

2020年9月23日，河源市地方志办公室召开《小参村志》终审会

2020年9月23日，《小参村志》终审会人员合影
左起：王瑞峰、徐育红、李林青、李维东、张惠芬、黄彬、陈奕谦、李德标、朱光进、李文举、李德权

小参村居住在龙川县城部分乡亲代表再次审核《小参村志》
左起：李文敏、邹菊英、李运良、李继成、李万涛、李海英

小参村居住在河源市区部分乡亲等代表再次审核《小参村志》
左起：李艺东、李良昌、李寿平、李德标、李海州、戴进娣、李凤玉

小参村居住在惠州、深圳部分乡亲代表再次审核《小参村志》
第一排（左起）：李万华、周锦标、李维彬、李德标、李新平、李爱东
第二排（左起）：李学文、李树青、李良昌、李庆华、李桥有、李立新、李剑锋

后 记

经过两年多的不懈努力，《小参村志》终于编写成书。村志编写坚持以史实为依据，细致严谨、准确记史，共召开四次编委会议（含座谈会），充分征集村民及外出乡贤意见后进行修改、复核。样书送至河源市地方志办公室、龙川县地方志办公室审核。

回想当初，河源市地方志办公室领导告知我，小参村被确定为广东省地方志第三批志书编修试点单位，邀请我回细坳镇商量研究《小参村志》编修工作，镇、村均举荐我为主编。由于我是小参村人，对小参村的情况比较了解，而且又是刚退休人员，时间和身体还能支撑，镇、村要我挑起这一重担。这不是组织决定，也不是行政命令，而是镇、村对我的信任。更重要的是小参村志编修是广东省第三轮修志的试点单位，全省只有三个村，这是小参村的光荣，是小参村人民在百年疆土征途中沉淀的人文历史在闪光，耕耘创造的辉煌被社会认同的结果。因此，我欣然应允，自感责任重大。编纂过程中不敢有丝毫的懈怠。

编写村志是一个庞大的系统工程，涉及自然地理、社会科学、人文历史和现代发展变化等方方面面。我深入农村找老人进行调查，开座谈会，翻阅史志，对一些口口相传之事，特别是战争年代和抗美援朝时期的故事，进行认真分析论证，准确记入。不让前辈艰辛创业和革命斗争的故事在我们这一代人的手里失传，达到以史为鉴、志书育人的目的。

在编志工作中，编委会切实把握编志的原则，真实记录小参村自然地理、人文历史、史迹。对小参村的技术人员、大中专毕业生、历任村委干部、村医、教员和在外从医、从教、从企、从政、从军人员以及持有中级技术职称以上人员、股级以上干部的信息用表格记录。对在行政、企业、军队任副科（副营）以上人员，小参村典型人物、受县团以上单位表彰人员用简介入志。总之，做到客观、公正、公平、准确。志书清样编好装订成册，送村民代表征求意见，然后呈送龙川县地方志办公室、河源市地方志办公室审核定稿。

此次编写村志的过程，也是我见证小参村不断发展变化的过程。从中我更深切地感受到市县史志部门、市社科联、细坳镇委镇政府历届班子都高度重视小参村的建设与发展。小参村有今天的发展，是各级党委政府特别是龙川县委、县政府，细坳镇委、镇政府长期关心支持的结果。特别要提到的是，市县史志部门、社科联等领导多次到小参村和小参村周边镇以及江西赣州市、安远县、定南县史志及档案部门查找资料核实史记，花费了大量的时间、人力、物力、财力去追寻小参的历史，恢复小参村的历史原貌。

本村志的编写得到了河源市地方志办公室、龙川县地方志办公室、细坳镇党委政府的大力支持，还得到了小参村民及外出乡贤的关心和支持，在此一并表示谢意！

李德标

2020年12月30日